MANUAL DE ORIENTAÇÃO PARA DOCENTES-SUPERVISORES DE ESTÁGIOS EM PSICOLOGIA ORGANIZACIONAL E DO TRABALHO

Artesã

MANUAL DE ORIENTAÇÃO PARA DOCENTES-SUPERVISORES DE ESTÁGIOS EM PSICOLOGIA ORGANIZACIONAL E DO TRABALHO

SONIA MARIA GUEDES GONDIM

THAÍS ZERBINI

JAIRO EDUARDO BORGES-ANDRADE

GARDÊNIA DA SILVA ABBAD

ORGANIZADORES

Artesã

Manual de orientação para docentes-supervisores de estágios em psicologia organizacional e do trabalho

COORDENAÇÃO EDITORIAL
Karol Oliveira

DIREÇÃO DE ARTE
Tiago Rabello

REVISÃO
José Maria Campos Lima

CAPA
Karol Oliveira

DIAGRAMAÇÃO
Luís Otávio Ferreira

M294

Manual de orientação para docentes-supervisores de estágios em psicologia organizacional e do trabalho / Organizadores: Sonia Maria Guedes Gondim... [*et al.*] . – Belo Horizonte : Artesã, 2020.
248 p. ; 23 cm.
ISBN: 978-65-86140-33-0

1. Psicologia industrial - estudo e ensino. 2. Programas de estágio. 3. Orientação educacional no ensino superior. I. Gondim, Sonia Maria Guedes.

CDU 005.32:378

Catalogação: Aline M. Sima CRB-6/2645

IMPRESSO NO BRASIL
Printed in Brazil

(31)2511-2040 (31)99403-2227
www.artesaeditora.com.br
Rua Rio Pomba 455, Carlos Prates - Cep: 30720-290 I Belo Horizonte - MG
/artesaeditora

APRESENTAÇÃO

É com imenso prazer que oferecemos este Manual aos nossos colegas supervisores de estágios em Psicologia Organizacional e do Trabalho (POT). Esperamos que ele venha ajudar no planejamento, na organização, na avaliação e na implementação desta importante e desafiante faceta da prática na formação acadêmica e profissional nos cursos de Graduação em Psicologia.

Os docentes responsáveis por estágios básicos, e especialmente os profissionalizantes, têm o compromisso de promover o desenvolvimento de um conjunto de competências técnicas e instrumentais, teórica, empírica e eticamente fundamentadas. Deste modo, eles poderão oferecer aos futuros psicólogos as bases necessárias para um agir socialmente responsável e moralmente implicado.

Este Manual é um projeto do qual participam alguns dos membros pesquisadores de um dos Grupos de Trabalho (GT) de POT vinculado à Associação Nacional de Pesquisa e Pós-graduação em Psicologia (ANPEPP)[1], cujas atividades se iniciaram em 1990. Esse GT historicamente produz um conjunto de publicações para subsidiar, teórica e instrumentalmente, a formação em POT no nível da Graduação e Pós-Graduação em nosso país[2].

---

1 Ver www.anpepp.org.br.

2 Exemplos: O livro *Psicologia, Organizações e Trabalho no Brasil*, organizado por José Carlos Zanelli, Jairo E. Borges-Andrade e Antônio Virgílio B. Bastos é considerado um sucesso editorial pela Artmed e está em sua segunda edição (2014/2004). Outro livro é O *Trabalho e as Organizações: Atuações a partir da Psicologia*, organizado por Lívia de Oliveira Borges e Luciana Mourão, também publicado pela Artmed (2013). Um terceiro livro é *Ferramentas de Diagnóstico para Organizações e Trabalho*, organizado por Kátia Puente-Palácios e Adriano de Lemos Alves Peixoto (2015). Um quarto livro é o *Dicionário de Psicologia do Trabalho e das Organizações*, organizado por Pedro Bendassolli e Jairo E. Borges-Andrade, publicado pela Casa do Psicólogo/Pearson (2015). Além disso, foram editados dois números especiais sobre questões metodológicas na área de POT: (i) Borges-Andrade, J E., & Zanelli, J. C. (2002). *Desafios metodológicos da pesquisa em Psicologia Organizacional e do Trabalho. Estudos de Psicologia (Natal)*, 7 e (ii) *Psicologia Organizacional e do Trabalho: Aspectos teóricos, metodológicos e ético-profissionais* (2016). *Revista Psicologia, Organizações e Trabalho*, 7 (N. Esp).

Este Manual é consequência de uma análise do cenário do desenvolvimento da POT no Brasil. Dados publicados em 2010 (Yamamoto, Zanelli & Janissek) já destacavam que mais de 80% dos psicólogos eram egressos de Instituições Privadas de Ensino Superior. Acredita-se ainda que com as políticas de expansão das Instituições Privadas de Ensino, que vigoraram por alguns anos subsequentes, essa porcentagem tenha aumentado um pouco mais.

Além disso, a discussão dos resultados do Exame Nacional de Desempenho Estudantil de estudantes de Psicologia do ano de 2006 ressaltou que, apesar de serem em menor número, as Instituições Públicas Federais e Estaduais conseguiam ser mais bem-sucedidas na formação que ofereciam (Bastos, Gondim, Souza & Souza, 2011). Uma das razões apontadas reside no fato de que as Instituições Públicas Federais e Estaduais adotam políticas claras de incentivo ao aperfeiçoamento docente, quer no suporte financeiro, material e de flexibilidade de carga horária para o desenvolvimento e a dedicação à pesquisa, quer no oferecimento de bolsas de estudo e licenças remuneradas para estudos.

Em síntese, a formação em Psicologia no Brasil é feita por Instituições de Ensino Superior Privadas nem sempre engajadas em uma articulação mais alinhada entre produção do conhecimento e prática profissional. O estágio, objeto deste Manual, é fundamental para uma melhor transição da vida acadêmica para a vida profissional, especialmente por ser um dos responsáveis pelo desenvolvimento do autoconceito vocacional, identidade profissional e construção da carreira do futuro profissional da Psicologia (*e.g.*, Soares, Mourão & Mota, 2016).

Estagiários que tinham vivenciado uma experiência de trabalho em um ambiente formalizado e bem organizado sentiam-se mais familiarizados com as responsabilidades e rotinas e também mais confiantes para ocuparem de forma satisfatória um posto de trabalho, evidenciaram Silva e Teixeira (2013). O estudo colocou em destaque também quais características da experiência de estágio mostravam-se mais promissoras para a percepção de estar apto para o trabalho fora da universidade: (i) tarefas relacionadas à futura profissão melhoram a imagem profissional; (ii) ambientes de estágio receptivos e suportivos favorecem trocas entre os estagiários, demais trabalhadores, clientes ou usuários dos serviços; (iii) variedade de tarefas e autonomia do estagiário aumentam a autoconfiança;

e (iv) *feedback* da chefia viabiliza a exploração vocacional e faz crescer a autoeficácia profissional. Em síntese, tarefas vinculadas à profissão, e também variadas, o clima cordial do ambiente de trabalho e a relação aberta e franca com o supervisor facilitam a cooperação, a tomada de responsabilidade e a autonomia, permitindo o desenvolvimento do autoconceito profissional, da autoconfiança do estagiário para a superação de desafios, contribuindo também para o aumento da autoeficácia.

Algumas possíveis implicações práticas de estudos como esse, e de outros aspectos anteriormente apontados, é a inclusão no projeto pedagógico das Instituições de Ensino Superior de uma gestão formal das experiências de estágio, a partir do reconhecimento de seu papel fundamental para a formação profissional. O estágio é por definição um ato educativo supervisionado com vistas a preparar para o trabalho produtivo (Lei 11.788 de setembro de 2008). Certamente, isso requer capacitação de supervisores acadêmicos e locais para atuarem no acompanhamento e desenvolvimento de estagiários.

Sendo assim, torna-se relevante que a prática de estágios curriculares, especialmente em uma área aplicada como a de POT, seja sistematizada para potencializar os ganhos de formação científico-profissional.

Do ponto de vista dos organizadores e autores deste Manual, a atuação profissional em POT deve estar apoiada em bases teóricas, científicas e ético-morais que tornem o psicólogo autônomo e crítico em seu fazer. O estágio apresenta-se como uma das experiências acadêmicas mais importantes para estabelecer um profícuo diálogo entre teoria e prática, dando sua contribuição tanto para a produção teórica quanto para a construção de instrumentos e ferramentas de diagnóstico e de intervenção com base em referenciais da POT e áreas afins.

Dois objetivos orientaram a elaboração deste Manual. O primeiro foi apresentar reflexões teóricas, metodológicas e éticas fundamentais para subsidiar a prática profissional de docentes que atuam em supervisão de estágio. O segundo foi colocar à disposição do docente-supervisor um material de apoio ao planejamento e à elaboração de projetos de estágios obrigatórios. Este material oferece recomendações técnicas, abordagens teóricas e modelos de instrumentos (projeto ou plano de estágio, fichas de acompanhamento e avaliação do estagiário, e modelos de relatórios finais) baseados na abordagem de aprendizagem experiencial. Esta abordagem é apropriada para apoiar o desenvolvimento de competências em cenários de prática profissional supervisionada.

O Manual tem como público-alvo principal os supervisores e docentes que orientam estágios em organizações, mas também foi elaborado com o intuito de apoiar o trabalho de coordenadores de Cursos de Psicologia, profissionais que atuam na área de Gestão de Pessoas e interagem com estagiários de Psicologia nas organizações em que realizam seu trabalho.

Este Manual é constituído por três partes: (i) aspectos teórico-conceituais, (ii) prática de supervisão orientada e (iii) modelos de instrumentos. A primeira parte é composta por três capítulos: o primeiro discute o estágio como eixo central da articulação entre teoria, produção de conhecimento e prática profissional, oferecendo a base teórica metodológica sobre aprendizagem experiencial para o desenvolvimento de competências em cenários de prática profissional; os aspectos éticos relacionados às atividades de estágios em Psicologia e os papéis dos atores envolvidos nas atividades de estágios profissionalizantes (supervisor acadêmico, estudante, supervisor de campo e coordenador de curso) são discutidos no segundo capítulo; a parte teórica é encerrada com o capítulo três, que apresenta e discute as competências para o trabalho colaborativo em equipes multi e interdisciplinares, prevalentes nos contextos do estágio em POT.

A segunda parte do Manual está dedicada à prática de supervisão orientada e a uma reflexão sobre a importância do estágio como produção de conhecimento na área de POT. Ela está organizada em quatro capítulos: a elaboração de projetos de estágio e planos de trabalho é o foco do quarto capítulo; o acompanhamento e a avaliação da efetividade do estágio são abordados no quinto capítulo; o sexto trata das tensões na implementação do estágio em POT. Envolve aspectos intra e interdisciplinares e as relações entre as Instituições de Ensino Superior e as organizações ofertantes desse estágio.

O sétimo e último capítulo do Manual faz uma breve discussão, visando sensibilizar o supervisor de estágio sobre a importância de se conceber o estágio como uma via de mão dupla, a qual propicie a aplicação de conhecimentos científicos e a produção de conhecimentos essenciais à atuação profissional. A experiência de estágio, quando bem planejada e assistida pelos supervisores (docentes ou de campo), pode propiciar o desenvolvimento de novas tecnologias e ferramentas de intervenção, capazes de melhorar as práticas e políticas da gestão organizacional e de pessoas. Além disso, pode ser uma rica fonte de novas questões para futuras pesquisas em POT.

Na terceira parte do Manual, encontram-se os modelos e instrumentos de apoio ao planejamento, acompanhamento e avaliação dos processos e resultados de aprendizagem durante o estágio supervisionado. Entre esses modelos e documentos constam projetos e planos de estágio básico e profissionalizante, programa de estágio, modelos de apresentação de relatórios de estágio, ficha de visita técnica e de acompanhamento do supervisor de campo e ainda modelo de relatório de estágio.

Esperamos que este Manual venha atender às expectativas dos colegas supervisores e que, de fato, sirva de apoio à melhoria da qualidade da formação de nível superior e à futura atuação profissional em POT.

A(O)S ORGANIZADOR(A)S

REFERÊNCIAS

Bastos, A. V. B., Gondim, S. M. G., Souza, J. A. J. de, & Souza, M. P. R. (2011). Formação básica e profissional do psicólogo: uma análise do desempenho das IES no ENADE-2006. *Avaliação Psicológica*, 10(3), 313-347. Recuperado de http://pepsic.bvsalud.org/scielo.php?script=sci_arttext&pid=S1677-04712011000300006&lng=pt&tlng=pt.

Silva, C. S. C. da, & Teixeira, M. A. P. (2013). *Experiências de Estágio: Contribuições para a Transição Universidade-Trabalho*. Paidéia (Ribeirão Preto), 23(54), 103-112. Recuperado de https://dx.doi.org/10.1590/1982-43272354201312

Soares, A. B, Mourão, L., & Mota, M. M. P. E. (Orgs.) (2016). *O Estudante Universitário Brasileiro: Características Cognitivas, Habilidades Relacionais e Transição para o Mercado* (Vol. 1). Rio de Janeiro: Editora Appris Ltda.

Yamamoto, O. H., Souza, J. A. J., Silva, N., & Zanelli, J. C. (2010). A formação básica, pós- graduada e complementar no Brasil. In A. V. B. Bastos, & S. M. G. G. (Orgs.). *O trabalho do psicólogo no Brasil* (pp.45-65). Porto Alegre: Artmed.

PARTE I

ASPECTOS TEÓRICO-CONCEITUAIS

1

ESTÁGIO COMO EIXO CENTRAL DA ARTICULAÇÃO ENTRE TEORIA, PRODUÇÃO DE CONHECIMENTO E PRÁTICA PROFISSIONAL

Sonia Maria Guedes Gondim
Universidade Federal da Bahia

Gardênia da Silva Abbad
Universidade de Brasília

Pedro F. Bendassolli
Universidade Federal do Rio Grande do Norte

O principal objetivo deste capítulo é analisar a importância do estágio supervisionado na formação acadêmica e profissional do estudante de Psicologia, com ênfase no contexto de organizações e trabalho (O&T) pela via da aprendizagem experiencial. Sustenta-se que o estágio é o grande promotor do desenvolvimento de competências essenciais para a atuação profissional em Psicologia Organizacional e do Trabalho (POT). Apesar de o estágio supervisionado ser parte integrante da formação de nível superior, há ainda poucos estudos sobre as diretrizes educativas e normativas para potencializar essa crucial etapa do processo de ensino-aprendizagem. Pretende-se, portanto, discorrer sobre aspectos-chave do estágio e apontar algumas recomendações técnicas para o planejamento e a implementação da prática formativa do estágio supervisionado.

O desenvolvimento profissional em POT está ancorado em duas bases: (i) competências profissionais almejadas e (ii) experiências promotoras de aprendizagem dessas competências. Supõe-se que esta aprendizagem terá impactos na atuação profissional.

No primeiro caso, é preciso ter claro quais são os conhecimentos, as habilidades e atitudes (CHA) que pretendem ser desenvolvidas no estudante. Entretanto, a crescente complexidade do campo de estudos em POT torna cada vez mais difícil ao indivíduo possuir o rol completo de competências técnicas específicas, necessárias à atuação em seus diversos subcampos.

Nesse caso, é preciso discutir quais as competências essenciais que precisam ser intencionalmente desenvolvidas durante o estágio, este considerado propício à transferência do que foi adquirido durante a graduação. O estágio supostamente apresenta um cenário de prática, o qual coloca o estagiário em contato direto com o contexto de trabalho.

No segundo caso, considerado o das experiências promotoras de aprendizagem, entram em jogo tanto as experiências oferecidas pelo ambiente de estágio quanto as proporcionadas pelo docente-supervisor. Este é entendido como o agente integrador de teorias, da prática profissional e do estado da arte da ciência psicológica.

O foco deste capítulo será na discussão das competências para o profissional que atuará em POT, por elas orientarem o desenvolvimento profissional e de carreira.

O capítulo está estruturado para a discutição de quatro questões centrais: 1) As competências atuais apontadas como necessárias para a atuação do profissional de POT, tanto nacional como internacionalmente; 2) A aprendizagem experiencial como abordagem de apoio ao desenvolvimento formativo em POT; 3) Os estilos e as estratégias de aprendizagem e seu impacto no desenvolvimento de competências; e 4) Aspectos da supervisão de estágio que o docente-supervisor poderia levar em consideração no intuito de viabilizar seu papel no desenvolvimento de competências.

FORMAÇÃO E COMPETÊNCIAS EM POT

A formação em POT ocupa cada vez mais espaço na pauta das entidades científicas e profissionais associadas a esse campo do saber. No final da década de 1990, a Declaração de Bolonha introduziu mudanças expressiva no ensino superior na Europa, o que permitiu a criação de um padrão de qualidade e um espaço comum para a viabilização da mobilidade de profissionais e estudantes universitários entre os países e as instituições educacionais do continente.

Seguindo essa tendência, entre 2006 e 2007, a EAWOP (*European Association of Work and Organizational Psychology*), em cooperação com a ENOP (rede europeia de professores em POT, fundada em 1980), criou uma força tarefa para propor um modelo que incluísse conteúdos e requisitos de um diploma avançado em POT. O modelo faz referência a quatro pilares: (1) objetivos educacionais; (2) campos de estudo; (3) tipos de conhecimento; e (4) níveis de aprofundamento especializado. A **Figura 1** mostra esses quatro pilares.

Figura 1. Os quatro pilares da formação em POT

O primeiro pilar, **Objetivos Educacionais**, inclui a aquisição de conhecimentos (teorias e conceitos), habilidades (de aplicação do conhecimento, de procedimentos e de métodos), competências profissionais e científicas (conjunto complexo de conhecimentos e habilidades para lidar com os problemas da prática e para desenhar e conduzir projetos de pesquisa).

O segundo pilar, **Estudo de Campo**, abarca a atividade de trabalho propriamente dita; a gestão de processos e pessoas no ambiente de trabalho; e a organização, ou seja, o contexto social, estrutural e dinâmico em que o trabalho ocorre.

O terceiro pilar, **Tipos de Conhecimento**, contempla a ênfase em uma ciência capaz de compreender/explicar a realidade, mas também de ser tecnológica e orientada para a mudança.

O quarto e último pilar, **Nível de Aprofundamento Especializado**, chama a atenção para o fato de a instituição, ou centro formador, poder ser uma referência em termos temáticos, teórico-conceituais, técnico-metodológico, ou seja, ter uma identidade de pesquisa e/ou intervenção.

Os quatro pilares encontram-se alinhados ao que foi publicado em 2016 pela *Society for Industrial and Organizational Psychology* (SIOP, 2016), que reeditou o guia para o treinamento e para a educação nesse campo nos EUA. Ademais, é importante destacar que o guia avança também ao enfatizar uma formação que permita a atuação do profissional de POT no plano extraterritorial e internacional, respeitando marcos legais, éticos e morais das diversas culturas e contextos.

Para sustentar os pilares formativos, o guia apresenta um desdobramento da formação em termos de competências, organizado em três níveis: Específicas. Essenciais e Gerais (**Figura 2**).

Figura 2. Competências relacionadas à atuação em POT

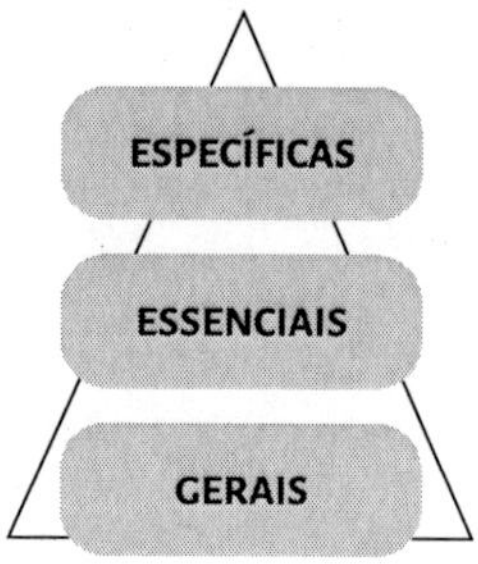

As **Competências Gerais** visam oferecer conhecimentos, habilidades e atitudes que capacitem os psicólogos de POT em quatro domínios: (1) intra e interdisciplinar; (2) técnico-metodológico; (3) ético-moral; e (4) o sociorrelacional (**Figura 3**).

O **domínio intra e interdisciplinar** envolve conhecimentos de diversos subcampos da Psicologia e de áreas afins que podem ajudar a compreender o contexto organizacional e de trabalho. Este domínio permite ao psicólogo potencializar a sua atuação a partir das relações que identifica entre subcampos da Psicologia e de outras áreas afins, como a Administração e a Sociologia.

O **domínio técnico-metodológico** está relacionado à capacidade de manejo dos métodos de pesquisa aplicada e da análise de dados, o que faz com que o psicólogo encontre-se apto para a produção do conhecimento.

O **domínio ético-moral-legal**, por sua vez, envolve a aquisição de capacidades para conduzir-se profissionalmente com correção, considerando as especificidades previstas em lei e nas regulamentações. Tal domínio qualifica a atuação do psicólogo em diversos tipos de organização, ao mesmo tempo em que zela para que suas ações preservem o melhor equilíbrio entre interesses conflitantes e a justiça social.

O último domínio é o **sociorrelacional**, o qual se refere às capacidades e habilidades interpessoais para lidar com a diversidade individual e cultural intra e interorganizacional.

Figura 3. Domínios das competências gerais em POT

O grupo de **Competências Essenciais** abarca um conjunto de domínios teórico-conceituais, diretamente implicado no exercício da atuação profissional. Tais domínios encontram-se especificados na **Figura 4**, acrescidos de alguns exemplos.

Figura 4. Domínios relacionados às competências essenciais

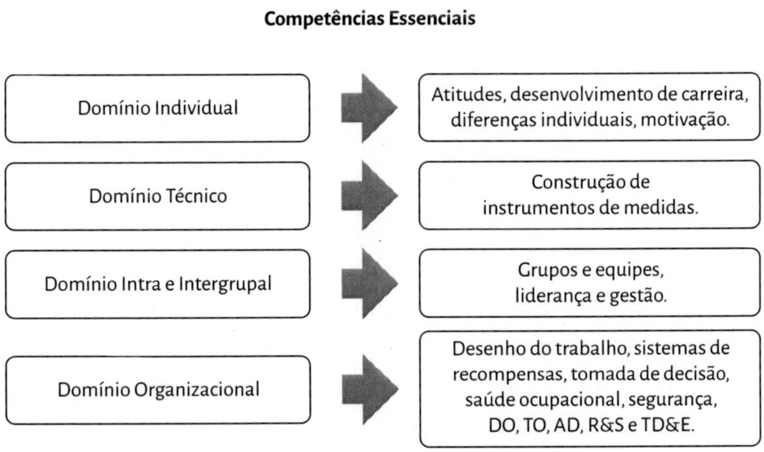

Nota. DO – Desenvolvimento Organizacional; TO – Tutoria Organizacional; AD – Avaliação de Desempenho; R&S – Recrutamento e Seleção de Pessoas; TD&E – Treinamento, Desenvolvimento e Educação.

O terceiro e último grupo de competências está relacionado às **Áreas Especializadas**, mantendo um vínculo estreito com a POT. O guia da SIOP destaca apenas duas grandes áreas: o **comportamento do consumidor** (incluindo comportamento econômico) e os **fatores humanos** (ajustamento do ambiente e trabalho), talvez por seu crescimento em termos de pesquisa e demandas de intervenção, o que também pode ser observado de modo nítido no Brasil.

PERSPECTIVA BRASILEIRA

Embora, no Brasil, esse campo seja profícuo, por razões de espaço, vamos nos ater a três iniciativas em particular, todas voltadas a formas de sistematização das competências para a atuação na área da POT.

A primeira iniciativa inclui três domínios importantes na formação: dos níveis que estruturam os processos organizacionais e de trabalho; da articulação dos diferentes níveis de intervenção organizacional e do trabalho; e o da identificação e articulação das interfaces de POT intra e interdisciplinares (Zanelli, Bastos, & Rodrigues, 2014).

A segunda iniciativa parte da análise das Diretrizes Curriculares dos cursos de graduação em Psicologia no Brasil, agrupando as competências relativas à formação em cinco grandes domínios: 1) análise de contexto e campo de atuação; 2) intervenção; 3) investigação científica; 4) avaliação e diagnóstico; e 5) atuação em equipes inter e multidisciplinares (Abbad & Mourão, 2010). Estas autoras, ao analisarem as respostas de profissionais a um *survey* nacional sobre o trabalho do psicólogo no Brasil, coordenado por Bastos e Gondim (2010), destacam dois resultados que nos interessam mais de perto. O primeiro resultado aponta haver heterogeneidade nas competências adquiridas por psicólogos, o que sugere não termos uma formação unificada no Brasil. O segundo resultado do estudo refere-se à existência de quatro grupos de competências que se apresentam mais frágeis na formação do psicólogo brasileiro: a elaboração de diagnósticos de processos psicológicos; a elaboração de de relatos científicos; a formulação de questões empíricas de pesquisa; e a coordenação de processos grupais. Trata-se de competências fundamentais no caso da atuação em POT.

A terceira iniciativa vem sendo promovida pela SBPOT (Associação Brasileira de Psicologia Organizacional e do Trabalho), com o apoio do

CFP (Conselho Federal de Psicologia e outros CRPs (Conselhos Regionais). A partir de debates e fóruns entre especialistas na área, a SBPOT propõe a criação de um documento que apresente as competências a serem desenvolvidas pelos profissionais da área (SBPOT, 2020).

Como no caso europeu, segue igualmente a proposição de articular os domínios da organização, do trabalho e da gestão de pessoas. A novidade é a inclusão de um novo eixo relacionado à formação de docentes de POT. A proposta articula ainda as competências técnicas essenciais e transversais, consideradas requisitos para o desenvolvimento de competências mais específicas da área. O modelo adota um quadro de dupla entrada, no qual são analisadas, para cada eixo ou campo de atuação, as competências primárias de intervenção, com base nas etapas do ciclo de intervenção (**Figura 5**).

Em suma, as competências do psicólogo que atua em POT apontam para cinco grandes domínios a serem desenvolvidos, a saber: 1) teórico-conceitual (construtos, temas e teorias); 2) inter e intradisciplinar (zonas de fronteiras internas e externas à Psicologia); 3) metodológico, relativo à produção do conhecimento; 4) tecnológico, com vistas à aplicação e intervenção; e 5) ético-moral-relacional.

O primeiro mobiliza conteúdos; o segundo, fronteiras de conhecimento; o terceiro e quarto, capacidades técnicas; e o quinto, valores e habilidades interacionais para lidar com as inúmeras dimensões da diversidade (gênero, educação, etnia, social, cultural, política, etc.), presentes em contextos organizacionais e de trabalho. Na sequência, discute-se como o estágio supervisionado, por meio de ambientes de aprendizagem experiencial, pode permitir o desenvolvimento desses amplos domínios de competências. Inicia-se com uma breve definição desse tipo de aprendizagem, apresentando seus principais precursores.

Figura 5. Exemplos de modelo interativo de competências em POT

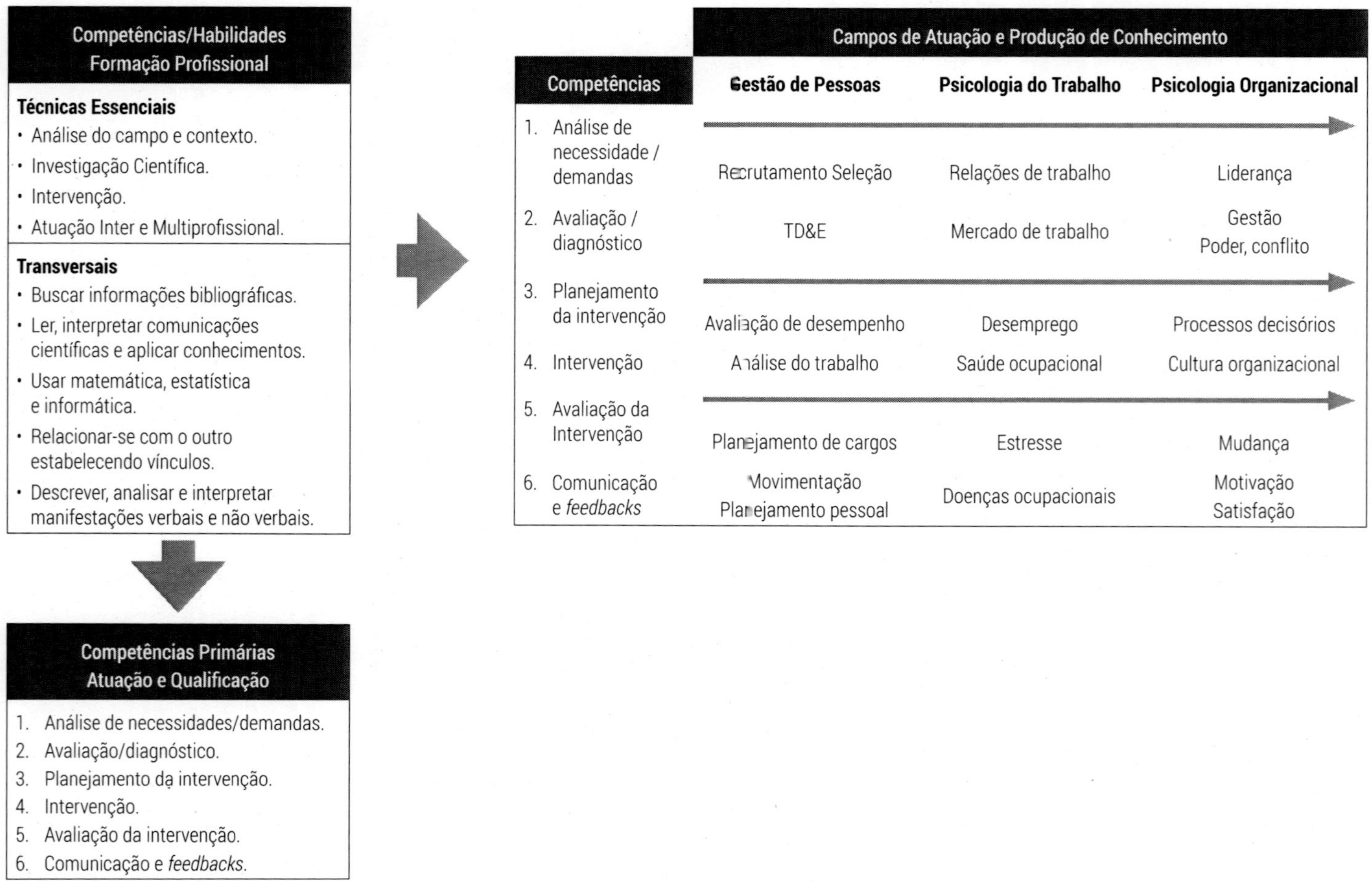

BASES TEÓRICAS DA APRENDIZAGEM EXPERIENCIAL

A aprendizagem experiencial apresenta-se como uma modalidade da aprendizagem em que o confronto com a ação é o principal impulsionador do processo de desenvolvimento (Revans, 1998). O problema real leva o educando a formular questões e pensar sobre o melhor curso da ação, provocando a revisão de seus esquemas mentais prévios. Envolve, portanto, uma escolha consciente sobre quais alternativas selecionar para enfrentar situações concretas, favorecendo o desenvolvimento de competências metacognitivas e emocionais, com impactos na construção da autoeficácia (Bandura, 1986; Manolis, Burns, Assudani, & Chinta, 2012).

A teoria de aprendizagem experiencial desenvolvida por Kolb (1984), por exemplo, estabelece um diálogo com as abordagens comportamentalistas e cognitivistas da aprendizagem, sendo aplicável ao contexto da educação de nível superior (Kolb & Kolb, 2006). As bases da referida teoria encontram-se na pesquisa-ação de Lewin (1946), um processo de investigação cooperativo para a busca de soluções de problemas, cujos passos envolvem o planejamento (conceituação abstrata), a ação (experimentação ativa), a observação e a reflexão. Baseia-se também nas teorias de Vygotsky (1978), para quem há dois níveis de desenvolvimento: o real e o potencial. O primeiro refere-se às habilidades e aos conhecimentos que a pessoa já possui. O segundo é também definido por ele como "proximal", na medida em que considera a mediação realizada pelo ambiente social, incluindo a interação com colegas e o professor. Destaca-se o papel do educador e dos pares na potencialização da experiência como ato educativo.

Outro precursor fundamental da aprendizagem experiencial é Piaget (1957). Os processos de assimilação e acomodação estudados por esse autor são responsáveis pela transformação da experiência concreta em aprendizados mais abstratos, alcançando níveis crescentes de acomodação. O ciclo de aprendizagem teria como ponto de partida a experiência concreta, principal responsável pela apreensão via sensações (sentir, ver, ouvir). A observação reflexiva (refletir) viria em seguida, transformando os modos de pensar e os esquemas mentais, que seriam colocados em prática pela experimentação ativa (agir), na tentativa de transformar atitudes e comportamentos pela ação. Por último, a conceituação abstrata (pensar) levaria a modos mais complexos de pensar e compreender a realidade, qualificando o educando para uma nova experiência com outro nível de repertório (Kolb, 1984).

A lógica deste tipo de aprendizagem é a de não haver um único curso de ação, ou seja, uma única forma certa de pensar e agir. A ação requer problematizar a teoria para resolver o problema e encontrar ajustes ou alternativas teóricas que possam ajudar no enfrentamento da situação. O educando precisa rever seus esquemas mentais adquiridos no contato com a teoria. Ele necessita testar o que aprendeu em um contexto controlado de experiência, em que o papel do supervisor ou educador tem lugar privilegiado (Kolb, Kolb, Passarelli, & Sharma, 2014; Revans, 1998). A criação de um ambiente favorável à aprendizagem em grupo exige competências do educador, assinala Marquardt (2004).

Na próxima seção, discutem-se alguns elementos teóricos relacionados à concepção de aprendizagem e aos estilos de aprender no contexto da aprendizagem experiencial. Tais estilos de aprendizagem interagem com o tipo de competência a ser desenvolvida no âmbito do estágio, o que requer dos educadores maior atenção no planejamento de suas estratégias de aprendizagem.

MODOS DE APRENDER E ESTRATÉGIAS DE APRENDIZAGEM

Pelo que acaba de ser exposto, a aprendizagem pode ser definida como um **processo**, ultrapassando a concepção de um mero produto. É também contínua, pois dá-se nas trocas com o ambiente, na busca de formas alternativas para criar e transformar o conhecimento pela experiência.

Sustenta-se em **Modos de Aprender** que, de acordo com Kolb e Kolb (1984) e Kolb (2006), expressam-se em quatro estilos de aprendizagem: divergentes, assimiladores, convergentes e acomodadores. Estes estilos de aprendizagem estão relacionados ao ciclo de aprendizagem, conforme ilustrado na **Figura 6**.

Figura 6. Ciclo de aprendizagem de Kolb (1984)

O estilo de aprendizagem **divergente** parte da experiência concreta e da observação reflexiva dos educandos. Eles aprendem refletindo sobre a experiência, abrindo espaço para a criatividade e para a imaginação.

Os **assimiladores** aprendem pela articulação entre observação reflexiva e conceituação abstrata. Eles organizam a informação de modo lógico e indutivo, pois possuem grande habilidade de sistematização e de inferência, recorrendo a várias fontes de informação.

Os **convergentes** aprendem articulando conceituação abstrata e experimentação ativa. Eles buscam um sentido prático para as teorias, valendo-se do repertório pessoal e o testando na solução de problemas novos.

Os **acomodadores** fazem uso da experimentação ativa e da experiência concreta para aprender. Eles são fortemente ativos no processo de aprendizagem e na implementação de planos. Confiam mais nos seus sentimentos e nas sensações do que os assimiladores (orientação intuitiva), os quais se respaldam mais na lógica conceitual.

Apesar da grande difusão da abordagem dos estilos de aprendizagem, alguns autores apresentam críticas a esse conceito. Uma das críticas é a de que não haveria estilos categóricos prevalentes, como advogava Kolb (1984), por exemplo. Cada pessoa usaria diversos estilos ao mesmo tempo.

Outros autores discutem sobre a quantidade de estilos (e.g., Manolis et al., 2012). Ademais, reconhece-se que a metodologia de ensino e a avaliação do professor influenciam no modo de aprender do estudante (Gargallo, 2008; Kolb et al., 2014), o que teria impactos na maneira como as competências poderiam vir a ser desenvolvidas. Em concordância com esses argumentos, evidências empíricas apontam que o conhecimento pelo docente, do estilo de aprender do estudante, favorece tanto a autonomia de aprendizagem do estudante quanto ajuda os educadores (supervisores e docentes) a orientarem suas estratégias de ensino (Garcia-Oetro & Teddlie, 1992).

A opção por enfatizar facetas do ciclo de aprendizagem exige do professor, ou instrutor, a adoção de uma estratégia diferenciada, na perspectiva de Kolb et al. (2014). Se o foco for entre a experiência concreta e a observação reflexiva, o professor deve atuar como um facilitador, fazendo o educando entrar em contato com suas experiências (o sentir) e refletir sobre elas, aumentando, assim, o seu autoconhecimento. Se o foco recair entre a observação reflexiva e a conceituação abstrata, o instrutor deve atuar como um especialista, oferecendo diversos modelos teóricos e referências conceituais para que o educando possa refletir com profundidade e organizar seus mapas mentais. Se o foco dirigir-se à conceituação abstrata e à experimentação ativa, o educador precisa ser um apoiador das tentativas do educando de aplicar o conhecimento aprendido, avaliando o seu desempenho de modo objetivo e crítico. Por fim, se o foco direcionar-se para o intervalo entre a experimentação ativa e a experiência concreta, o papel requerido pelo educador é o de treinador. Neste caso, cabe a ele acompanhar o educando nas suas experiências (sentir e experimentar), levando-o a refletir sobre as suas dificuldades, e aconselhando-o na superação.

Objetivando o desenvolvimento de competências em POT, além do conhecimento sobre os hábitos e estilos de aprendizagem dos estudantes e o foco a ser dado no ciclo de aprendizagem, é preciso levar em conta as estratégias de aprendizagem adotadas pelos estudantes. Assim, como os estilos, as estratégias de aprendizagem marcam as diferenças individuais no modo como as pessoas aprendem. Há estratégias cognitivas, comportamentais e autorregulatórias.

Entre as **estratégias cognitivas**, há a repetição mental, a organização de ideias centrais, a criação de esquemas mentais que agrupam e relacionam elementos aprendidos e a elaboração mental, que compreende a reflexão sobre implicações e conexões entre o que foi aprendido e os conhecimentos existentes.

As **estratégias comportamentais** de aprendizagem são três: busca de ajuda interpessoal, busca de ajuda em materiais escritos e aplicação prática do conhecimento recém-adquirido.

As **estratégias autorregulatórias** compreendem a motivação do indivíduo para a aprendizagem e o automonitoramento da atenção e controle da ansiedade (Abbad & Borges-Andrade, 2014; Zerbini & Pilati, 2012; Warr & Allan, 1998).

Há diferenças individuais quanto à frequência com que o estudante emprega cada tipo de estratégia durante o processo de aprendizagem. O educador deve estimular a variação do uso de estratégias, principalmente quando o educando precisa desenvolver e expressar novas e complexas competências em situações reais. Conteúdos complexos, situações novas e contextos variados podem requerer o uso combinado de diversas estratégias cognitivas, comportamentais e autorregulatórias.

Conhecimentos sobre conceitos e teorias, por exemplo, exigem, em um primeiro momento, a adoção de estratégias cognitivas de repetição mental, organização e elaboração para assimilação e retenção dos conteúdos. Os recursos de aplicação prática são bastante úteis na aprendizagem de procedimentos, técnicas, métodos, processos de trabalho, e em todas as situações que requerem generalização de princípios e regras gerais, e transferência de novas aprendizagens para contextos distintos.

As estratégias autorregulatórias são muito importantes e bem desenvolvidas em profissionais muito experientes. São recursos valiosos para a pessoa manter-se atenta, monitorar a compreensão e a emoção e ainda controlar a ansiedade durante a aquisição de novas competências, em particular, as mais complexas, que exigem soluções inovadoras, múltiplas variáveis a serem consideradas e diversas soluções possíveis.

Há situações em que o estilo de aprendizagem do educando conflita com as estratégias requeridas para a aprendizagem bem-sucedida no estágio. Isso ocorre, por exemplo, quando o estudante tem um estilo predominante de conceituação abstrata e a atividade de estágio requer solução criativa de um problema. Como consequência, o supervisor precisa ficar atento a esse tipo de situação e treinar o educando a diversificar suas estratégias de aprendizagem, estimulando e criando situações que o façam refletir sobre o conflito entre seu estilo de aprender e a situação.

APRENDIZAGEM EXPERIENCIAL NO CONTEXTO DE ESTÁGIO

A aprendizagem experiencial é importante na formação profissional ao considerar que os estudantes de graduação compõem um grupo de adultos que já possuem um repertório prévio de conhecimentos (Kolb & Kolb, 2006). Portanto, o modo como eles aprendem consiste, em última instância, em um tipo de educação continuada e permanente, a qual se apoia nos princípios de uma andragogia.

Termo de origem grega, a andragogia foi utilizada pela primeira vez na Alemanha, nas primeiras décadas do século IX, para se referir à aprendizagem de adultos. Opunha-se à pedagogia, fazendo referência à aprendizagem de crianças e jovens. Os princípios da antropogogia (termo politicamente correto que substituiu andragogia) sustentam que o adulto tem um papel ativo no processo de aprender, sendo capaz de definir suas metas e seus objetivos, mantendo uma relação de horizontalidade com o educador (Knowles, 1975, 1980).

A aprendizagem experiencial se alinha a uma concepção de desenvolvimento profissional como algo permanente, exigindo transformações contínuas e, no decorrer da vida, no perfil de competências do indivíduo, nos âmbitos cognitivo, afetivo e comportamental (Pimentel, 2007). Nem toda experiência é, por si só, educativa, conforme Dewey (1959). No âmbito da formação universitária, especialmente no caso dos estágios curriculares, cabe ao professor-supervisor fazer com que tal experiência seja integralmente transformadora. Cumpre a ele também explorar de modo mais adequado a zona de desenvolvimento proximal estabelecida em sua relação com o estudante (Vygostky, 1978), tendo em vista o objetivo de adquirir novas competências em seu lidar com as situações da realidade.

Alguns estudos empíricos dedicados a avaliar as experiências de estágio e supervisão destacam a importância do supervisor no processo e avaliam positivamente o estágio em termos de articulação da teoria com a prática, e também a aprendizagem de condutas profissionais (*e.g.*, Martins-Silva, Silva Junior, & Libardi, 2015; Peixoto, Silvares, Rocha, Monteiro, & Pereira, 2014; Silva Neto & Guzzo, 2016). Contudo, um estudo do processo de estágio supervisionado em cursos de Administração concluiu que a formação do administrador ainda não promove adequadamente a aprendizagem em ação, particularmente porque os docentes desconhecem essa abordagem (Rego, 2013).

Com base nos resultados de sua pesquisa, o autor desenvolve um modelo de estágio supervisionado baseado na aprendizagem em ação, conforme as diretrizes de Marquardt (2004). Ele inclui a definição do problema, o papel do treinador, o foco na aprendizagem e na ação, a construção de questionamentos e a atuação em grupo.

Há outro modelo, composto por cinco dimensões, proposto por Silva, Lima, Sonaglio e Godoi (2012): 1) ambiente de aprendizagem do ensino em Administração; 2) estilos de aprendizagem dos alunos e professores; 3) experiências docentes e discentes; 4) reflexão em ação; e 5) estratégias de ensino em ação (transformando a experiência).

Com o intuito de traçar o esboço de uma proposta para orientação das práticas de estágio supervisionado na formação do psicólogo organizacional e do trabalho, com base no sistema proposto por Silva et al. (2012), a seguir há um aprofundamento da compreensão das cinco dimensões propostas em seu modelo.

A primeira dimensão inclui o **clima favorável à aprendizagem**, o qual envolve uma disposição do supervisor em criar um ambiente psicológico e social que assegure a tomada de consciência do estudante acerca do seu fazer. Tal aspecto requer do supervisor um planejamento capaz de assegurar que as atividades de estágio possibilitem essa conscientização, do porquê de ele as estar realizando e sobre como melhorar o que está fazendo correntemente. Pode-se acrescentar, ainda, que o supervisor deve estar atento em ajudar o estudante a perceber por que ele, eventualmente, **não** está fazendo algo, e por que **não** está fazendo de modo diferente.

A segunda dimensão é a dos **estilos, do foco a ser dado no ciclo de aprendizagem e das estratégias de aprendizagem**, discutidas na seção anterior, e que se referem a modos de responder ao contexto ambiental de aprendizagem (Richardson, 2011). Destaca-se novamente que a tomada de consciência do estilo de aprender permite ao estudante ter um melhor cumprimento de seu papel ativo em sua apropriação da experiência, promovendo, assim, seu aprendizado. Encontram-se disponíveis alguns inventários simples de diagnósticos de estilos de aprendizagem, os quais podem ser usados por supervisores em seu primeiro contato com estudantes (e.g., Kolb, 1984; Manolis et al., 2012). É igualmente importante que o próprio docente-supervisor tenha claro qual foco deseja para o processo de aprendizagem e certifique-se de que seu estilo pessoal de aprendizagem esteja alinhado ao dos estudantes, pois isso repercute no seu modo de ensinar, ainda que seja esperado um papel ativo do estudante nesse processo.

A terceira dimensão são as **experiências docente e discente**. Ambos, como adultos, já possuem um repertório comportamental, atitudinal, cognitivo e afetivo que influenciará em sua busca por novos aprendizados. O supervisor acadêmico também necessita de um repertório profissional para melhor aproveitar a experiência discente. Embora seu foco seja educacional, haja vista que responde pela formação acadêmica, caso o supervisor esteja muito distante da realidade prática profissional, provavelmente seu potencial de promover transformação, pela experiência do estudante, será mais restrito.

É preciso ter em mente que, no repertório do estudante, estão incluídas suas concepções sobre como ele próprio aprende (Richardson, 2011; Vermunt & Vermetten, 2004). Isso influenciará em sua receptividade a processos de ensino-aprendizagem mais centrados no conteúdo, ou mais orientados para a busca de soluções de problemas. Os estudantes podem supor que o conhecimento é tomado (dos professores), construído (por processo ativo dos estudantes) e compartilhado (por ato colaborativo).

O conhecimento tomado apoia-se em aprendizagem reprodutiva (memorizar, adquirir, reter e utilizar); já o conhecimento construído sustenta-se na aprendizagem reconstrutiva, feita a partir de um repertório anterior e reinterpretado, gerando novos conhecimentos sobre a realidade. Estudantes universitários mais velhos operam na aprendizagem reconstrutiva, observa Richardson (2011). Por sua vez, a aprendizagem ativa, focada na solução de problemas reais, é indicada por esse autor como mais apropriada para adultos. Além de possibilitar o uso integrado de competências preexistentes com as recém-adquiridas, a aprendizagem ativa focada na solução de problemas favorece o trabalho em grupos, enriquece e estimula a reflexão, a mudança de atitudes, a expressão ou a vivência de emoções, e a discussão aprofundada de aspectos morais e éticos envolvidos na atuação profissional em POT.

A quarta dimensão do sistema é a **reflexão na ação**. No caso específico da atividade de estágio supervisionado, a promoção da reflexão requer espaço, tempo e habilidade do docente-supervisor. Com isto, será possível estimular a formulação de perguntas, incorporar aspectos conceituais, teóricos e éticos, e ajudar a propor alternativas para uma nova ação, a partir da autoavaliação do estudante sobre o que ele faz, como faz e por que faz.

Ao saber a zona de desenvolvimento proximal, as supervisões em grupos podem facilitar a formulação de perguntas e a geração de soluções criativas, contribuindo para a transferência de aprendizados entre pares, o que fortalece o caráter horizontal do processo de aprendizagem.

A quinta e última dimensão é a das **estratégias de ensino**. Em se tratando de estágio, é supostamente mais fácil de perceber o papel central ocupado pela ação. Há planejamento, execução e reflexão **sobre** e **na** ação. Portanto, a situação de estágio se distanciaria de uma perspectiva mais focada na transmissão oral ou escrita. Ela está mais próxima das metodologias ativas de ensino que envolvem soluções de problemas, entre as quais a APB (Aprendizagem Baseada em Problema) e a *Action Learning*, métodos muito utilizados em ambientes organizacionais para induzir aprendizagem por meio da solução colaborativa de problemas (e.g., Anderson & Coleman, 2015).

Especialmente no caso de estágios profissionalizantes, que estão mais próximos do exercício profissional efetivo, a implementação de estratégias baseadas na aprendizagem experiencial exige preparação teórica e atitudinal de docentes (Silvia et al., 2012). O tempo dedicado ao planejamento e às atividades de supervisão, muitas vezes, não permite seguir tais diretrizes. Um ensino com base em uma rígida cultura curricular e orientada à transmissão de conteúdos facilita a passividade do estudante no processo de ensino-aprendizagem, diminuindo seu nível de autodirecionamento.

A experiência de estágio, talvez, seja uma das poucas oportunidades em que o estudante se sinta responsável por suas ações, visto que, muitas vezes, o supervisor não as acompanha de modo direto. Assim sendo, se não houver tempo e espaço para os atores envolvidos se dedicarem ao planejamento, à aplicação e à reflexão sobre a ação e a experiência, haverá baixa incorporação de novos aprendizados ao repertório de competências do estudante (Mezirow, 1998).

Em suma, pode-se sintetizar a discussão até este ponto, sistematizando a ideia de um ciclo de aprendizagem experiencial. Ele possui cinco grandes questões a serem respondidas pelo supervisor de estágio: 1) o **conteúdo** da aprendizagem (o quê?); 2) o **afeto** (investimento no ato de aprender e no que se vai aprender); 3) a **interação mediada** (grupo, professor, supervisor); 4) o **contato imediato** (sensação, percepção, experimentação) (Illeris, 2013; Jarvis, 2006; Knowles, 1975, 1980); e 5) as **reflexões** feitas sobre a aprendizagem adquirida, buscando, a partir da discussão de situações e problemas variados, incrementar a transferência de aprendizagens para o ambiente de estágio e o surgimento de novas competências e metacompetências que o habilitem a atuar em outros contextos e situações. Esses princípios e regras gerais de pensamento e ação podem ser estimulados pela supervisão de estágio, com foco nas diversas dimensões que compõem a atuação em POT.

No restante deste capítulo, apresentam-se algumas diretrizes e sugestões gerais para o planejamento do estágio.

TRILHAS DE APRENDIZAGEM

O estágio curricular, como articulador teoria-prática, experiencial, voltado ao desenvolvimento de competências deve, a nosso ver, oferecer ao estudante condições para que ele possa se desenvolver nos domínios apresentados na **Figura 2**, e discutidos previamente. Contudo, é preciso levar em conta que o estágio possui um escopo limitado. Embora constitua parte fundamental da formação em POT, ele está longe de pretender oferecer uma formação do complexo conjunto de competências envolvido nesse campo de atuação. Além disso, o mundo do trabalho está em permanente transformação, exigindo, a cada dia, novos tipos de estudos e formas de intervenção.

Apesar dessa limitação, o estágio supervisionado apresenta-se como uma via privilegiada em auxílio ao desenvolvimento de algumas competências básicas para o exercício profissional, principalmente para o desenvolvimento de atitudes, condutas e comportamentos alinhados a valores ético-morais dignificadores do exercício profissional. A formação extramuros, e no nível da pós-graduação, tanto *stricto sensu* quanto *lato sensu*, seguirão tendo seu papel no aprofundamento e na especialização em subcampos da POT. O estágio não concorre com elas e nem as substitui.

A proposta é que o estágio seja estruturado sob a forma de trilhas de competências, as quais sejam uma base ao tipo de inserção do estudante. A **Tabela 1** apresenta um exemplo de construção de tal trilha concebida para o domínio da POT, a qual lida com questões de treinamento e desenvolvimento.

Tabela 1 Exemplo de trilha para orientação de estágio supervisionado em TD&E

Ciclo de intervenção	Atividades	Competências Gerais, Essenciais e Específicas
1 - **Análise de necessidades**	• Descrever o problema gerador do treinamento. • Descrever o contexto no qual o problema surgiu. • Identificar os resultados esperados do treinamento. • Relacionar objetivos do treinamento com os resultados esperados.	• Conhecimentos conceituais e teóricos (lacunas ou hiatos, necessidades de treinamento). • Conhecimentos técnicos sobre modelos de análise de necessidades, procedimentos, instrumentos. • Habilidade de entrevistar pessoas, pesquisar em diferentes fontes humanas e documentais. • Organizar as informações. • Elaborar síntese interpretativa.

Ciclo de intervenção	Atividades	Competências Gerais, Essenciais e Específicas
2 - Avaliação e diagnóstico	• Escolher fontes e indicadores de resultados do treinamento no comportamento no trabalho. • Escolher ou criar instrumento de diagnóstico de necessidades de treinamento. • Mostrar evidências de validade do instrumento. • Planejar e aplicar o instrumento. • Mensurar demandas de aprendizagem. • Avaliar e priorizar demandas. • Descrever o perfil do público-alvo do treinamento. • Listar as competências a serem desenvolvidas pelo treinamento.	• Conhecimentos conceituais e teóricos de construção de instrumentos. • Habilidades técnicas específicas de POT e áreas de fronteira (psicometria). • Habilidades de entrevistar pessoas e buscar informações em diversas fontes. • Habilidades de análise de dados e redação de relatório técnico.
3 - Planejamento da intervenção	• Planejar o treinamento. • Preparar materiais e recursos. • Escolher instrutores e autores dos materiais. • Preparar instrumentos de avaliação de aprendizagem e reações.	• Conhecimentos teóricos e técnicos sobre desenho instrucional e teorias de aprendizagem. • Conhecimentos técnicos e habilidades de construção de avaliação de aprendizagem e reações. • Habilidade de relacionamento com profissionais de outras áreas (instrutores, gerentes, treinandos).
4 - Intervenção	• Executar o treinamento. • Aplicar avaliações.	• Capacidade de liderar equipe inter e multiprofissional. • Habilidade técnica de aplicação de instrumentos de avaliação.
5 - Avaliação da intervenção	• Analisar os resultados imediatos do treinamento. • Avaliar o alcance dos objetivos instrucionais. • Avaliar as reações dos participantes e instrutores. • Construir ou escolher instrumento de avaliação do impacto do treinamento no trabalho do egresso. • Planejar a aplicação. • Aplicar o instrumento. • Elaborar relatório completo.	• Competências técnicas de análise de dados, síntese interpretativa dos resultados e de avaliação. • Habilidades de redação de relatório técnico em linguagem acessível a não psicólogos.

Ciclo de intervenção	Atividades	Competências Gerais, Essenciais e Específicas
6- Comunicação e *feedback*	• Apresentar por escrito, e oralmente, o relatório contendo *feedbacks* avaliativos. • Buscar evidências de validade da avaliação a partir das opiniões dos interessados (instrutores, egressos, gerentes, etc.). • Explicar os resultados com clareza. • Discutir implicações dos resultados. • Propor melhorias no treinamento e no sistema instrucional.	• Competências técnicas, habilidade de falar em público, capacidade para lidar e superar conflitos entre os interessados nos resultados, atitudes compatíveis com as dimensões éticas da avaliação e implicações políticas dos resultados do processo avaliativo. • Controle de emoções e habilidade para liderar discussões.

Domínio individual, intra e intergrupal e organizacional.

O exemplo contido na **Tabela 1** mostra uma situação em que o estagiário participa do planejamento, execução e avaliação de um treinamento em uma organização de grande porte. Nesse contexto hipotético, ele está inserido em uma equipe multiprofissional e interage com gestores de diversas unidades da organização. Para demonstrar o uso de uma trilha de ensino-aprendizagem, a atividade de estágio supervisionado pode ser estruturada a partir de uma concepção de ciclo de intervenção, constituído por seis etapas centrais (**Figura 7**), e pelas competências gerais, essenciais e específicas necessárias à atuação naquele campo (gestão de pessoas) e naquela atividade específica (treinamento) (**Figura 3**).

Figura 7. Ciclo de intervenção em POT

Na trilha, tanto o educando quanto o educador podem planejar estratégias para desenvolver, intencionamente, as competências requeridas pelas etapas do ciclo de intervenção, e avaliar se já estão presentes no repertório do educando.

Em todas as etapas do exemplo, o educando e o supervisor de estágio poderão discutir e refletir sobre os domínios a que pertencem as competências requeridas em cada fase do trabalho e, ao final da experiência, avaliar os princípios gerais e as regras que podem ser transferidas para outros contextos.

O plano de estágio, que será objeto de análise no **Capítulo 4**, pode ser elaborado por atividade dentro de um dos subcampos: organização, trabalho ou gestão. A trilha pode ser construída de acordo com as competências requeridas para a atuação e intervenção naquele tema ou atividade específica, tal como exemplificado na **Tabela 1**. Por fim, os encontros de supervisão e o acompanhamento do estagiário podem ser concebidos para identificar e superar lacunas em competências e apoiar as atividades educativas. Isto deve ocorrer em discussões pautadas em conversas e reflexões sobre como o domínio individual, intra e intergrupal, e organizacional se articulam durante a aprendizagem e a transferência dessas aprendizagens para gerar o produto ou solução final – neste caso, um treinamento avaliado no nível de impacto no trabalho do egresso.

TIPOS DE ESTÁGIO E O CICLO DA APRENDIZAGEM EXPERIENCIAL

As propostas de estágio na área de POT, em geral, apresentam duas modalidades.

A primeira modalidade consiste no aproveitamento do estágio realizado pelo estudante em alguma organização pública ou privada, ou do terceiro setor, sendo o foco da supervisão acadêmica direcionado para a elaboração de um plano de trabalho para fins de estágio curricular.

A segunda modalidade envolve o engajamento do estudante em um projeto desenvolvido pelo docente-supervisor. Nesse caso, o planejamento das atividades antecede a entrada do estudante, o qual, provavelmente, dá seguimento ao trabalho já iniciado por outros estagiários. Cada uma dessas formas de inserção traz desafios para uma proposta de aprendizagem experiencial.

No primeiro caso, em que o estudante já se encontra inserido em uma organização sob supervisão direta ou não de um profissional local, o supervisor acadêmico (docente-supervisor) necessita demarcar que tipo de faceta da experiência será alvo direto de ações educativas. Outra questão é que nem toda experiência prática do estudante no contexto organizacional pode vir a ser apropriada para fins de objeto de aprendizagem no contexto da formação acadêmica. A partir do plano de trabalho com um foco específico, o supervisor tem insumos para definir que competências poderão ser desenvolvidas no ciclo da aprendizagem experiencial descrito na seção anterior deste capítulo. Daí a importância de que o plano de trabalho descreva de modo claro os objetivos, as justificativas teóricas e práticas, e a descrição do método (para mais detalhes sobre o plano de estágio, ver **Capítulo 4**).

É importante observar que o processo de aprendizagem pode iniciar a partir de qualquer um dos seis momentos que caracterizam aquele ciclo (**Figura 6**). Em outras palavras, o ponto de partida do ciclo pode ser deslocado, dependendo do foco dado à experiência. Por exemplo, para um estudante que já desenvolve um trabalho em uma organização, e que estabelece como seu plano de ação dar prosseguimento a uma prática já em curso, o ponto de partida do ciclo de aprendizagem experiencial é **observar o que foi feito**, **refletir criticamente**, **experimentar** modos diferentes de fazer e sentir os efeitos da nova experiência, formulando novos arranjos conceituais e, por fim, **planejar novas formas de fazer**.

No segundo tipo de estágio, em que o estudante se insere em um projeto desenvolvido pelo supervisor acadêmico, o estudante precisa se apropriar de conceitos e do contexto em que ocorre a prática para conseguir criar a experiência. O ciclo de aprendizagem se inicia pela **conceituação abstrata** e **observação** para, só depois, **experimentar** uma forma de **agir** e **refletir** sobre ela.

Por fim, vale lembrar que um plano de trabalho talvez não consiga ser cumprido em sua integralidade. O tempo da formação universitária é distinto do tempo das organizações. Decisões estratégicas alheias ao plano de estágio na instituição onde o estágio é realizado podem gerar inúmeras frustrações ao estagiário, demandando suporte emocional do grupo de colegas e do supervisor acadêmico.

CONSIDERAÇÕES FINAIS

Finalizamos este capítulo mencionando quatro fatores que deveriam ser contemplados em uma proposta de tornar o estágio um meio para desenvolvimento e transferência de competências gerais, relacionais e ético-morais, essenciais à atuação profissional do psicólogo em POT.

O primeiro refere-se a uma **política universitária** favorável ao estágio. As instituições educacionais precisam ter políticas claras em relação às práticas de estágio institucional, estimulando a elaboração de projetos multi e interdisciplinares que oportunizem a participação de profissionais de outras áreas, e que possam ser desenvolvidos nas diversas unidades universitárias e conveniadas (o **Capítulo 3** explora o desenvolvimento de competências multi e interdisciplinares).

No caso específico de POT, unidades da administração direta ligada à gestão de pessoas abririam um campo de atuação bastante profícuo. Abertura de editais ou projetos colaborativos, envolvendo competências das diversas empresas juniores abrigadas no espaço universitário, seria outra possibilidade de fomentar uma experiência rica aos estagiários.

O segundo fator a ser considerado é o da **estrutura curricular**. Embora haja especificações sobre a carga horária dedicada aos estágios básicos e profissionalizantes, a carga horária docente dedicada às atividades de estágio e às modalidades de orientação individual ou grupal é pouco discutida. Uma normalização interna ao curso, que levasse em conta os objetivos educacionais e o papel do estágio no desenvolvimento de competências, ajudaria a regulamentar as práticas de docentes-supervisores e suas relações com instituições conveniadas e estudantes em processos de formação.

O terceiro fator é o **docente**. Os cursos de Psicologia não estabelecem de modo claro os requisitos para docentes que assumem atividades de supervisão de estágio. Na sua maioria, exigem apenas que o docente esteja inscrito no conselho profissional, o que nem é necessário, pois a docência em Psicologia não requer tal registro. Acontece que a prática profissional, embora importante, não assegura a capacidade de transferência de conhecimentos. Em geral, os docentes desconhecem teorias de aprendizagem e pouco refletem sobre os estilos de aprendizagem de seus estudantes, e a melhor forma de transferir e desenvolver competências. O foco está mais centrado na transmissão de conteúdo (método tradicional) do que desenvolver habilidades e atitudes, mediante metodologias ativas de aprendizagem.

O quarto e último fator a ser levado em conta na potencialização do estágio como experiência e ato educativo relaciona-se ao **discente**. A vinculação do estudante em práticas nem sempre é precedida por uma discussão acerca do lugar que tais práticas teriam na sua formação profissional. Alguns estudantes sustentam a crença de que a prática é que vai lhes trazer a experiência para a atuação profissional, relegando em segundo plano a teoria e os achados científicos relacionados aos problemas com os quais se defrontam no estágio. Outros acreditam que o estágio é uma oportunidade de colocar em prática o que foi aprendido durante o curso de Psicologia. Poucos reconhecem que o estágio ocupa um eixo central na articulação contínua entre teoria, achados científicos e a prática. Não há um único ponto de partida e tampouco um único ponto de chegada.

Por fim, é indiscutível a importância do desenvolvimento de competências técnicas gerais para o desenvolvimento profissional. Contudo, o estágio é a via privilegiada para o desenvolvimento de competências na esfera **ético-moral e relacional**. Aqui, faz-se referência ao fato de o estágio supervisionado ser uma atividade assistida e envolver um triplo diálogo entre supervisor acadêmico, estudante e outros profissionais, circunscritos ao contexto onde as atividades são realizadas. A atuação profissional, muitas vezes, traz conflitos e alguns dilemas que exigem posicionamento ético do estudante e do supervisor (o **Capítulo 2** discute aspectos éticos no âmbito do estágio). Disto decorre a importância de fazer uso do compartilhamento de problemas e soluções nos momentos de supervisão em grupo. O compartilhamento permite ao estudante desenvolver competências relacionais e cria o espaço propício para reflexões acerca das melhores práticas profissionais e dos limites institucionais que se impõem, quando, por exemplo, o estagiário não consegue colocar em prática ou mudar uma prática instituída no local de estágio (ver **Capítulo 6** sobre tensões no âmbito do estágio).

Todo aspirante a uma profissão almeja contribuir para a sociedade. Dois princípios éticos orientam uma carreira profissional: o de agir com correção e o de promover justiça social. A experiência de estágio pode ajudar a manter em mente uma pergunta fundamental para a atuação profissional ética: Esta forma de agir e de fazer é a melhor e a mais justa? O código de ética da *American Psychological Association* (2002) lembra que o psicólogo organizacional e do trabalho está compromissado em usar o conhecimento científico **e** profissional para melhorar a condição de indivíduos, de organizações e também da sociedade. Como consequência, um dos desafios da formação é aumentar as chances de os futuros psicólogos que venham a atuar em POT encontrem caminhos teóricos, técnico-metodológicos e ético-morais para preservar o "e", pois, no exercício contidiano, estamos mais preparados para atender a um "ou" a outro.

REFERÊNCIAS

American Psychological Association. (2002). Ethical principles of psychologists and code of conduct. *American Psychologist*, 57, 1060-1073.

Abbad, G.S., & Mourão, L. (2010). Competências profissionais e estratégias de qualificação e requalificação. A.V.B. Bastos, & S.M.G. Gondim (Orgs.). *O trabalho do psicólogo no Brasil* (pp.380-401). Porto Alegre: Artmed.

Abbad, G.S., 6 Borges-Andrade, J.E. (2014). Aprendizagem humana em organizações de trabalho. J.C. Zanelli, J.E. Borges-Andrade, & A.V. B. Bastos (Orgs.) *Psicologia, Organizações e Trabalho no Trabail* (2a ed.) (pp.244-284). Porto Alegre: Armed.

Anderson, L, & Coleman, C. (2015). Action learning: Approaches, Applications and outcomes. In K. Kraiger, J. Passmore (N.R. Santos, & S. Malvezzi (Eds.)). *The Wiley Blackwell Handbook of the Psychology of Training, Development and Perfomance Improvement* (pp.261-277). Chicester, UK: John Wiley & Sons.

Associação Brasileira de Psicologia Organizacional e do Trabalho – SBPOT. (2020). Competências para a atuação em psicologia organizacional e do trabalho: um referencial para a formação e qualificação profissional no Brasil [recurso eletrônico]. Brasília: UniCEUB. Disponível em www.sbpot.org.br

Bandura, A. (1986). *Social foundations of thought and action: A social cognitive theory*. Englewood Cliffs NJ: Prentice-Hall.

Dewey, J. (1959). *Como Pensamos. Como se relaciona o pensamento reflexivo com o processo educativo: uma reexposição* (3a ed.). São Paulo: Companhia Editora Nacional.

Garcia-Otero, M., & Teddlie, C. (1992). The effect of knowledge of learning styles on anxiety and clinical performance of nurse anesthesiology students. *The Journal of the American Association of Nurse Anesthetists*, 60(3), 257-260. Retrieved from https://www.aana.com/newsandjournal/Documents/effect_of_knowledge_0692_p257.pdf

Gargallo-López, B. (2008). Estilos de docencia y evaluación de los profesores universitarios y su influencia sobre los modos de aprender de sus estudiantes. *Revista Española de Pedagogía*, 241, 425-446.

Gargallo-López, B., Almerich, G., Suárez-Rodríguez, J. M., & García-Félix, E. (2012). Estrategias de aprendizaje en estudiantes universitarios excelentes y medios. Su evolución a lo largo del primer año de carrera. *RELIEVE, 18* (2), art. 1. doi: 10.7203/relieve.18.2.2000

Lewin, K. (1946). Action research and minority problems. *Journal of Social Issues, 2(4)*, 34-46. doi: 10.1111/j.1540-4560.1946.tb02295.x

Illeris, K. (2013) *Teorias contemporâneas da aprendizagem*. Porto Alegre: Penso.

Jarvis, P. (2006) *Towards a comprehensive theory of Human Learning*: Lifelong learning and the learning society. Routledge.

Knowles, M. S. (1980/1970). *The modern practice of adult education: From pedagogy to androgogy* (2a. ed.). Cambridge: The adult education Company.

Knowles, M.S. (1975). *Self-directed learning. A guide for learners and teachers*. Englewood Cliffs, Cambridge: Prentice-Hall.

Kolb, D. A. (1984). *Experiential Learning: Experience as the source of learning and development*. Englewood Cliffs, N. J.: Prentice-Hall.

Kolb, A. Y., & Kolb, D. A. (2006). Learning styles and learning spaces: A review of the multidisciplinary application of experiential learning theory in higher education. In R. R. Sims, & S. J. Sims (Eds.). *Learning styles and learning: A key to meeting the accountability demands in education* (pp. 45-92). New York: Nova Science Publishers.

Kolb, A. Y., Kolb, D. A., Passareli, A., & Sharma, G.(2014) On Becoming an Experiential Educator: The Educator Role Profile. *Simulation & Gaming*, 45 (2), 204-234. doi:10.1177/1046878114534383

Manolis, C., Burns, D.J., Assudani, R., & Chinta, R. (2012) Assessing experiential learning styles: A methodological reconstruction and validation of the Kolb Learning Style Inventory. *Learning and Individual Differences*, 23 (2013), 44-52. Retrieved from http://dx.doi.org/10.1016/j.lindif.2012.10.009

Marquardt, M. (2004) *Optimizing the power of action learning*: Solving problems and building leaders in real time. Mountain View, California: Davies-Black Publishingr.

Martins-Silva, P. de O., Silva Junior, A. da, & Libardi, M. B. A. de O. (2015). Psicologia Organizacional e do Trabalho: Relato de Experiência em Estágio Supervisionado. *Psicologia: Ciência e Profissão*, 35(4), 1327-1339. Recuperado de https://dx.doi.org/10.1590/1982-3703000722014

Mezirow, J. (1998). On critical reflection. *Adult Education Quarterly, 48*, 185-198. Retrieved from https://doi.org/10.1177/074171369804800305

Peixoto, A. C. de A., Silvares, E. F. de M., Rocha, M. M. da, Monteiro, N. R. de Oliveira, & Pereira, R. F. (2014). A Percepção de Estagiários em Diferentes IES do Brasil sobre a Supervisão. *Psicologia: Ciência e Profissão*, *34*(3), 528-539. Recuperado de https://dx.doi.org/10.1590/1982-3703001482013

Piaget, J. (1957). *Construction of reality in the child*. London: Routledge & Kegan Paul.

Pimentel, A. (2007). A teoria da aprendizagem experiencial como alicerce de estudos sobre desenvolvimento profissional. *Estudos de Psicologia*, 12(2), 159-168.

Rego, S.M.O (2013). *Análise do estágio supervisionado de cursos de administração à luz da aprendizagem em ação*. Dissertacão de mestrado profissional. Centro de educaçao e Centro de ciências sociais aplicadas. Universidade Federal da Paraíba.

Revans, R. (1998). *ABC of Action Learning: Empowering managers to act and to learn from action*. London: Lemos & Crane.

Richardson, L.T.E. (2011). Approaches to studying, conceptions of learning and learning styles in higher education. *Learning and Individual Differences*, 21, 288-293.

Silva, A. B., Lima, T. B., Sonaglio, A. L. B., & Godoi, C. K. (2012). Dimensões de um sistema de Aprendizagem em Ação para o ensino de administração. *Administração: Ensino e pesquisa*, Rio de Janeiro, 13 (1), pp. 9-41.

Silva Neto, W. M. de F., & Guzzo, R. S. L. (2016). Internship in School Psychology: Education and practice of the supervisor. *Estudos de Psicologia (Campinas)*, *33*(2), 213-224. Retrieved from https://dx.doi.org/10.1590/1982-02752016000200004

Society for Industrial and Organizational Psychology, Inc. (2016). *Guidelines for education and training in industrial/organizational psychology.* Bowling Green, OH: Author. Retrieved from http://www.siop.org/Instruct/SIOP_ET_Guidelines_2016.pdf

Vermunt, J. D., & Vermetten, Y. J. (2004). Patterns in student learning: Relationships between learning strategies, conceptions of learning, and learning orientations. *Educational Psychology Review*, 16, 359-384. doi:10.1007/s10648-004-0005-y

Vygosty, L. (1978). Interactions between learning and development. *Mind and Society* (pp.79-71). Cambridge, M.A.: Harvard University Press. Retrieved from http://www.psy.cmu.edu/~siegler/vygotsky78.pdf

Warr, & Allan (1998) Learning strategies and occupational training. In C. L. Cooper & I. T. Robertson (Eds). *Internacional Review of Industrial and Organizational Psychology*, 13, 83-121. Chichester, UK: John Wiley & Sons.

Zanelli, J.C, Bastos, A.V.B., & Rodrigues, A.C.A. (2014). In J.C. Zanelli, A.V.B., A.V.B. Bastos, & J.E.Borges-Andrade (Orgs.). Psicologia, organizações e trabalho no Brasil (2a ed.) (pp.549-582). Porto Alegre: Artmed.

Zerbini, T., & Pilati, R. (2012). Medidas de insumo: perfil cognitivo-comportamental da clientela de ações de TD & E. In G.S. Abbad et al. (Orgs.). *Avaliação em treinamento, desenvolvimento e educação* (pp. 226-243). Porto Alegre: Artmed.

2

ASPECTOS ÉTICOS EM ESTÁGIOS EM PSICOLOGIA

Sonia Maria Guedes Gondim
Universidade Federal da Bahia

Louise Cristine Santos Sobral
Universidade Federal da Bahia

Luciana Mourão
Universidade Salgado de Oliveira

Janice Janissek
Universidade Federal da Bahia

O principal objetivo deste capítulo é abordar os aspectos éticos relacionados ao estágio supervisionado e os papéis dos principais atores envolvidos na formação do estagiário de Psicologia em diversos contextos: supervisores acadêmicos, supervisores de campo, coordenadores de cursos de graduação e estagiários de Psicologia.

As questões de natureza ética são essenciais para orientar e julgar toda ação humana em contextos variados. No campo científico, por exemplo, princípios éticos servem de guia para a conduta metodológica de pesquisadores (*e.g.*, Gondim, 2004; Peixoto, 2016). No campo profissional, por sua vez, princípios éticos orientam as relações sociais inerentes ao agir profissional. A relevância da ética ainda se faz notar nas consequências das ações profissionais para as demais pessoas direta ou indiretamente envolvidas nessas relações sociais (e.g., Jones, 1991; Rest, 1986).

A ética encontra-se fortemente relacionada à moral. O primeiro termo tem origem grega e antecede em alguns séculos o segundo, de origem romana. Apesar de serem usados de modo indiferenciado, eles têm significados distintos, no entendimento de Krüger (2005). A ética seria uma área da Filosofia com uma dupla missão: (i) tentar responder à indagação Kantiana de como devemos agir; e (ii) proceder a uma crítica moral a partir de um pensamento rigoroso, analisando os fundamentos e argumentos para julgar e discernir o certo do errado.

A moral, por sua vez, diria respeito a aspectos cognitivos, volitivos e atitudinais que orientam o modo de agir humano na vida em sociedade. A moral encontra sua expressão imediata no agir de pessoas organizadas coletivamente, prescrevendo condutas que se concretizam em costumes, doutrinas, crenças, normas jurídicas, etc., ainda conforme aquele autor. Os códigos de ética profissional fundamentam-se em princípios sobre como cada profissional de um campo especializado deve agir em relação ao outro, quer seja aquele para quem se presta serviço ou se oferece um produto, ou ainda, colegas de profissão e demais atores sociais implicados na atuação profissional. Em síntese, a conduta moral se expressa nas interações sociais necessárias ao exercício de qualquer profissão.

Os estágios profissionalizantes constituem um espaço privilegiado de aprendizado da conduta profissional, pois ocorrem ainda no período em que o estudante encontra-se em processo de formação. Durante essa fase do curso, é possível desenvolver *sensibilidade ética*. Ela é definida como a capacidade de reconhecer que uma situação profissional envolve aspectos ético-morais, ou seja, discernir o que é certo ou errado e agir com retidão (Saub, Finn, & Munter, 1993).

É mediante o desenvolvimento desta sensibilidade que pode surgir quatro elementos-chave da formação moral: (i) consciência moral; (ii) julgamento moral; (iii) intencionalidade moral; e, por fim, (iv) ação moral (Jones, 1991; Rest, 1986). É por meio da consciência moral que uma determinada situação profissional é percebida como de natureza ético-moral. Pelo julgamento moral, que presume vir em sequência, a pessoa se torna capaz de formar um juízo sobre a situação profissional em termos de estar certa ou errada e em que bases. Pela intencionalidade moral, mobiliza o afeto e a vontade para querer agir moralmente, conforme o julgamento. Por último, pela ação moral, age conforme acredita ser o correto. Em síntese, a formação moral do futuro profissional repousa em um ato formativo de modo articulado com todos os elementos-chave: sensibilidade moral, avaliação moral, motivação moral e, por fim, ação moral. Tais elementos estão fortemente relacionados a aspectos afetivos, volitivos e cognitivos.

Em termos de formação, os estágios profissionalizantes, que nos interessam mais de perto, envolvem a relação de quatro atores: estudante, supervisor-acadêmico, coordenador de curso ou de estágio e o supervisor de campo (**Figura 1**).

Figura 1. Atores envolvidos nos aspectos éticos dos estágios profissionalizantes

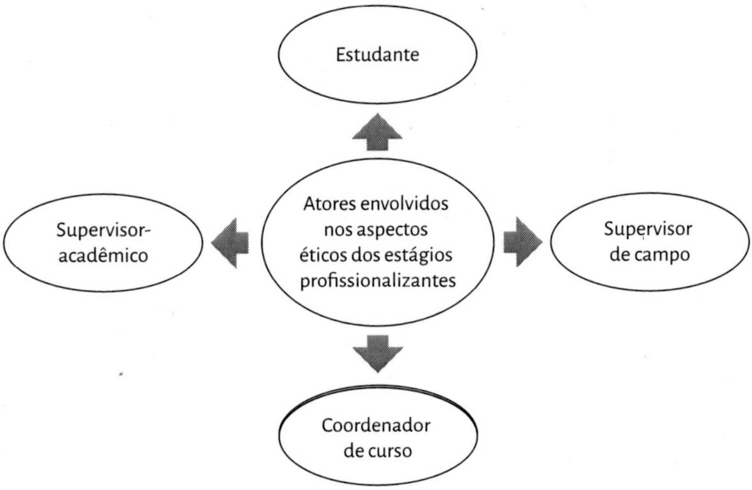

O primeiro ator encontra-se em formação, e todas as ações educativas estão direcionadas a ele. Os supervisores, apesar de poderem ajudar na qualidade da oferta de estágio, respondem principalmente pelo aprendizado do exercício profissional do estudante, buscando um equilíbrio entre a formação técnico-científica e a ético-moral. Os coordenadores de curso ou de estágio respondem principalmente pela diversidade e qualidade da oferta de estágio do ponto de vista da instituição.

Em síntese, o aprendizado depende da atuação implicada de diferentes atores para que haja a apropriação de princípios ético-morais no exercício da atividade, sendo, portanto, um ato educativo de supervisores e formadores.

Há teorias psicológicas que ajudam a entender como é possível desenvolver a formação moral, como as de Piaget (1977) e Kohlberg (1984). Eles estudaram clinicamente crianças, jovens e adultos com o objetivo de propor um modelo teórico sobre o desenvolvimento moral do ser humano, o que viria a subsidiar ações voltadas para a educação moral. Esta é uma importante contribuição para compreender a atuação do supervisor acadêmico de estágio, encontrada na proposta desse segundo autor. Ela baseia-se em três âncoras metodológicas: (i) oferta de modelos de conduta moral;

(ii) desenvolvimento do raciocínio moral, incluindo aqui a consciência e o julgamento moral; e (iii) criação de um ambiente social democrático e justo (*just communities*), propício para emergir a intencionalidade moral e o agir moral.

A primeira sustenta-se na premissa de que pessoas exemplares em termos de conduta moral, e que se mostram acessíveis durante o processo de socialização, despertam sentimentos e afetos que podem favorecer a identificação e a reprodução de condutas similares ao modelo. Os supervisores-acadêmicos e de campo apresentam-se como modelos aos estudantes que a eles estão expostos.

A segunda sustenta-se na crença de que a ação moral se desenvolve a partir do raciocínio moral, cujas questões e dilemas morais exercem um papel importante. Define-se dilema moral como aquela circunstância complexa que envolve uma escolha entre duas ou mais opções, ambas insatisfatórias. A apresentação de dilemas e as questões morais fazem com que sejam analisadas não apenas a conduta de alguém conforme normas e regras prescritas, mas também o contexto em que a conduta ocorre, favorecendo o treino da flexibilidade mental (raciocínio) de quem julga. Sendo assim, o tempo dedicado à supervisão-acadêmica torna-se precioso para refletir sobre tomadas de decisões e alguns dilemas que ocorrem no contexto do estágio, envolvendo diversos atores e situações. Supervisores precisam reconhecer que há limites de atuação nos campos de estágio. As práticas adotadas pelas organizações, muitas vezes, podem estar desalinhadas das evidências empíricas e das diretrizes de atuação profissional, e isto contribui para que haja algumas tensões. Embora não sejam dilemas morais, tais como descritos pela literatura, revelam a complexidade de situações concretas de trabalho que demandam reflexão crítica e posicionamento, buscando a maior retidão possível na conduta do estagiário e futuro profissional.

A terceira e última âncora surgiu da experiência de Kohlberg em *kibbutz* israelitas. O autor defende a criação de um ambiente em que estudantes, professores e demais atores possam estabelecer regras de comum acordo (consenso social). Elas visariam à formação de valores democráticos, fundamentais para o desenvolvimento da consciência, do julgamento e da motivação moral.

As informações trazidas até este ponto servem de pano de fundo para a discussão de aspectos ético-morais que têm lugar no contexto de qualquer supervisão de estágio, incluindo a área de Psicologia Organizacional e do Trabalho (POT). É essencial que o supervisor se aproprie dessas informações e faça uso delas na sua prática acadêmica, contribuindo com responsabilidade ético-moral para a formação do futuro profissional que atuará em POT.

Por definição, estágio é um ato educativo e formativo que visa à preparação para o trabalho produtivo de jovens e adultos que estejam frequentando diversos níveis de ensino (fundamental, médio, educação especial, profissional e superior) (Brasil, Lei 11.788, de 2008).

Além da legislação específica sobre estágio, o código de ética profissional também apresenta um conjunto de diretrizes que permitem orientar as práticas de estágio, com impactos no aprendizado de condutas profissionais futuras. Um exemplo é o artigo 17 do Código de Ética em Psicologia (Conselho Federal de Psicologia, 2005) que diz que "Caberá aos psicólogos docentes ou supervisores esclarecer, informar, orientar e exigir dos estudantes a observância dos princípios e normas contidas neste Código". Tal artigo deixa evidente a responsabilidade de supervisores na formação ético-profissional.

As relações e o diálogo entre as Instituições de Ensino Superior (IES), os supervisores-acadêmicos e os supervisores locais são orientadas por aquela lei e este Código, haja vista a preocupação em assegurar o aprendizado do estudante. O cumprimento das responsabilidades de cada ator permitirá que o estudante tenha uma formação que lhe assegure autonomia em processos de tomada de decisão profissional. Isto facilitará a conciliação entre a formação técnico-profissional e o desenvolvimento de uma consciência moral que ajude o futuro psicólogo a ter sensibilidade para identificar situações relacionadas a questões morais, julgar tais situações e decidir como proceder profissionalmente. Um ponto de partida para assegurar maior integração e um alinhamento entre os diversos atores envolvidos na formação profissional do futuro psicólogo é que eles tenham suas responsabilidades bem definidas.

A IES é a responsável legal por garantir, ou certificar, uma oferta de estágio supervisionado em Psicologia congruente com a proposta pedagógica do curso. Assim,

> o estágio faz parte do projeto pedagógico do curso, além de integrar o itinerário formativo do educando e visa ao aprendizado de competências próprias da atividade profissional e à contextualização curricular, objetivando o desenvolvimento do educando para a vida cidadã e para o trabalho (Brasil, 2008).

Além de uma questão ética, a garantia de que o estágio tenha um caráter educativo, voltado para o desenvolvimento de competências profissionais e de preparação para a vida cidadã e o trabalho, é uma questão legal. A legislação também distingue o estágio obrigatório, aquele definido como tal no projeto do curso, cuja carga horária é um requisito para a aprovação e a obtenção de diploma; do não obrigatório, aquele desenvolvido como atividade opcional, acrescida à carga horária regular e obrigatória. Cada IES tem a obrigação de definir em seu projeto pedagógico a natureza dos estágios que compõem a grade curricular, com diversidade de atividades e campos de estágio.

O segundo ator é o supervisor acadêmico, um docente vinculado à instituição formadora (IES) e responsável por oferecer um aprendizado ativo ao estudante, que articule conceitos teóricos e procedimentos técnicos da prática profissional.

O terceiro ator é o preceptor ou supervisor de campo, caso o estágio seja realizado em outra instituição ou unidade. Tal supervisor é responsável por orientar e apoiar o estudante nos locais onde o estágio esteja sendo realizado. Os três primeiros atores têm o compromisso moral de oferecer as condições materiais e técnicas previstas pela legislação e pelas normas éticas, mas nenhuma destas ações será efetiva se não houver engajamento do estudante no seu aprendizado.

O quarto ator, e o ponto-chave no processo, é o estudante, para quem todas as ações formativas se dirigem. A postura do estudante diante do que é oferecido repercute diretamente na qualidade de seu aprendizado. Não é por acaso que o referencial teórico-metodológico de suporte às orientações pedagógicas deste Manual é o da aprendizagem experiencial (ver **Capítulo 1**), que considera fundamental o papel ativo do estudante na aquisição do seu repertório cognitivo, moral, afetivo e comportamental.

A seguir, os aspectos ético-morais de cada uma das instâncias e dos atores sociais responsáveis por assegurar a qualidade da formação do profissional serão considerados. Nesta formação, o desenvolvimento da consciência moral, do julgamento moral, da intencionalidade moral e da ação moral são elementos-chave para o aprendizado da conduta ético-moral do futuro profissional da Psicologia.

ASPECTOS ÉTICO-MORAIS DA INSTITUIÇÃO FORMADORA: O PAPEL DE COORDENADORES DE CURSO E DE ESTÁGIO

Existem inúmeros aspectos ético-morais relativos a práticas formativas das IES. O objetivo aqui é destacar algumas que estão diretamente implicadas no estágio, seja ele obrigatório ou não obrigatório: momento de oferta do estágio, a diversidade e a qualidade desta oferta. Em primeiro lugar, essa oferta, ou sua certificação, deve estar alinhada ao projeto pedagógico do curso para manter fidelidade a uma proposta de educação formadora implicada, respeitando os preceitos legais, descritos na lei do estágio (Brasil, 2008).

A referida lei inclui, como uma das obrigações das instituições de ensino, a celebração do termo de compromisso com o educando e com a parte concedente do estágio. Ele especifica as condições de adequação do estágio à proposta pedagógica do curso, à etapa, à modalidade da formação escolar do estudante e ao calendário escolar. É responsabilidade da instituição cuidar para que o contrato de estágio, obrigatório ou não obrigatório, de fato, venha a contribuir para a aprendizagem e para o desenvolvimento de competências profissionais do estudante. Também cabe à IES indicar um professor supervisor apto a acompanhar e avaliar as atividades do estagiário. Tal supervisor deve orientar a elaboração do plano de atividades do estudante, conforme as competências a serem desenvolvidas, e acompanhar a execução das atividades, exigindo do estudante a apresentação periódica de relatórios no decorrer do mencionado estágio.

A IES pode dispor de um setor administrativo que gerencie os encargos para os estágios de cada curso, inclusive a possível celebração de convênios de concessão de estágio com entes públicos e privados. Entretanto, é necessário que o coordenador de curso e/ou de estágio tenha(m) clareza das necessidades do curso de Psicologia e das especificidades de um estágio obrigatório ou não obrigatório nesta área.

O planejamento do estágio se alicerça em um compromisso com a qualidade da formação do futuro profissional (Ver **Capítulo 4**). É responsabilidade institucional assegurar que o estágio básico e o profissionalizante, obrigatório ou não obrigatório, sejam ofertados, ou certificados, na quantidade, qualidade e diversidade pertinentes à formação generalista do psicólogo, como previsto nas diretrizes curriculares. Também deve ser assegurado o desenvolvimento de competências técnico-científico-profissionais que apoiem a boa prática e respeitem o nível de conhecimento e de domínio que o estudante possui em cada fase do curso.

O curso de Psicologia no Brasil foi regulamentado na década de 1960, pela Lei Nº 4.119, de 27 de agosto de 1962, que dispõe não apenas sobre os cursos de formação em Psicologia, mas regulamenta a profissão de psicólogo. Durante muitas décadas, as atividades práticas eram reservadas para o quinto e último ano do curso, geralmente pautado num modelo clínico e individual de atuação profissional (e.g., Pitombeira, Xavier, Barroso, & Oliveira, 2016; Yamamoto, Souza, Silva, & Zanelli, 2010). Este modelo caracteriza não só os estágios, mas a formação em Psicologia como um todo (Mourão & Abbad, 2016).

Para responder às demandas de qualificação em Psicologia, é preciso pensar currículos que sejam mais flexíveis e adaptáveis às transformações sociais e às exigências do mercado de trabalho, com reformas curriculares que vão além da abordagem de conteúdos e componentes curriculares (Bernardes, 2012). A reflexão crítica e periódica acerca da pertinência do currículo estar alinhado às discussões no campo e às demandas dos contextos sociais e historicamente localizados é igualmente importante para que os cursos de Psicologia consigam integrar a formação científica, técnica e ético-moral dos estudantes (Pitombeira, Xavier, Barroso, & Oliveira, 2016). O desenvolvimento de competências gerais e específicas deve levar em conta o aumento da atuação de psicólogos em equipes de trabalho (Ziliotto, Benvenutti, Matiello, & Peil, 2014), demandando que o estágio viabilize a aquisição de capacidades e habilidades para a melhor atuação do estudante em equipes inter e multidisciplinares (ver **Capítulo 3**).

Nesse contexto, os estágios precisam ser pensados considerando uma perspectiva de formação mais plural e com menor distância entre teoria e prática. A diminuição de tal distância, entretanto, acontece principalmente quando o uso de referências para o balizamento dos estágios supera os tradicionais textos normativos, passando a incluir novas metodologias ativas de aprendizagem (e.g., Pitombeira et al., 2016) (ver **Capítulo 3**).

Esses são aspectos que precisam ser considerados quando se reflete sobre a necessidade de o curso de graduação trazer aspectos práticos desde o início, com orientações para a diversidade de saberes dos diferentes contextos que abarcam a Psicologia. Apesar de alguns componentes curriculares de início do curso já incluírem atividades práticas, sendo previsto o estágio básico, é no momento do estágio profissionalizante que essas práticas ganham um escopo mais refinado para atuação profissional.

Apesar de o estágio profissionalizante ser o principal momento de preparo para a atuação como psicólogo, a passagem anterior pela experiência do estágio básico habilita o estudante a lidar melhor com situações reais e as dificuldades que lhe são inerentes. Sendo assim, o fato de o estudante observar, discutir ou realizar atividades práticas no estágio básico faz com que ele exercite, desde o início do curso, a reflexão sobre sua atuação no campo da Psicologia. Esta reflexão ocorrerá como consequência do debate com colegas, supervisores e professores sobre seus pontos de vista. O estágio profissionalizante, que se encontra entre o meio e o final do curso, beneficia-se da aprendizagem experiencial prévia proporcionada pelo estágio básico. O desenvolvimento de competências e princípios éticos depende também das oportunidades que os estudantes têm de refletir criticamente a partir de suas experiências pessoais e profissionais no seu processo de formação. O estágio básico poderá ser uma dessas oportunidades críticas.

Aspectos morais da conduta profissional também podem ser desenvolvidos no exercício de qualquer atividade prática educativa ou instrutiva que envolva interação com atores internos ou externos à instituição formadora. Por exemplo, as atividades práticas de componentes curriculares que requerem uso de técnicas de observação e de entrevista, para mapear campo, identificar necessidades, fazer diagnósticos e propor intervenções pontuais. Elas são excelentes oportunidades para conciliar a aquisição de competências sociais e técnicas, gerando consequências positivas para a aprendizagem moral (consciência, julgamento, motivação e ação moral). Mas para isto ocorrer, é preciso que haja reflexões críticas orientadas para o desenvolvimento da consciência moral, que vão além das reflexões meramente voltadas a aspectos técnicos. Daí a importância do engajamento dos supervisores no processo de aprendizagem do estudante.

Em geral, os estágios supervisionados obrigatórios são realizados a partir do oitavo semestre[3] e exigem uma série de pré-requisitos sob a alegação de que são domínios fundamentais para o exercício profissional. No en-

3 Os estágios não obrigatórios em POT têm ocorrido cada vez mais cedo, em decorrência de uma combinação de necessidade dos estudantes, ampliação da oferta remunerada feita pelas organizações privadas e públicas e a criação de um mercado de empresas que faz a intermediação entre aqueles e estas.

tanto, conforme já discutido no **Capítulo 1**, em que foram apresentadas as bases teóricas da aprendizagem experiencial, é pela demanda da experiência que o estudante busca ativamente o conhecimento e domínio para levar a cabo uma dada tarefa. É comum estudantes relatarem que apesar de terem cursado pré-requisitos não se percebem com domínio de conhecimento, muito provavelmente porque as estratégias pedagógicas, adotadas por docentes, são conservadoras e não privilegiam a adoção de metodologias ativas de aprendizagem (Kinchin, Lygo-Bayer, & Hay, 2008; Kolb & Kolb, 2006, 2010) e o ciclo experiencial (Kolb, 1984; Kolb, Kolb, Passareli, & Sharma, 2014). Isto dificulta a retenção e a transferência de conhecimentos e habilidades. Sendo assim, estruturar o currículo com base apenas em pré-requisitos, na esperança de que o estudante esteja mais preparado para a atuação profissional praticada no estágio profissionalizante, não parece ser uma estratégia metodológica segura.

A atuação dos diversos agentes da instituição formadora se torna moralmente implicada na formação do estudante universitário quando há uma preocupação em potencializar as experiências práticas durante o curso, antes mesmo da oferta de estágios supervisionados ao final do curso. Não basta transmitir conteúdos.

Tais experiências se apresentam como vias de intermediação férteis para o aprendizado de condutas profissionais eticamente compromissadas. Certamente, a efetivação disto só ocorrerá se os docentes do curso estiverem cientes do seu papel como modelos de conduta para os estudantes, independentemente de serem docentes-supervisores de estágio.

Além das disciplinas que incluem práticas, a oferta de espaços e contextos de aprendizado diferenciados contribui na disponibilidade de modelos de conduta profissional na área de POT. Um exemplo é o das empresas juniores (EJs).

O espaço das EJs pode ser um potencializador de experiências práticas e um formador de condutas morais, sobretudo por ser um ambiente de profissionalização que tenta se aproximar das regras competitivas do mercado de trabalho. Nesse sentido, experiências relativas à negociação de contratos, às relações internas entre diretores e *trainees*, e às relações com supervisores acadêmicos e com os clientes atendidos resultam em oportunidades de reflexão para os estudantes. Sendo assim, é importante que os encontros destinados à supervisão do estágio profissionalizante explorem também as aprendizagens do campo ético e do compromisso social que estão presentes nesse espaço. O papel do supervisor acadêmico torna-se fundamental ao se tratar de experiência empreendedora, uma vez que ela demanda suporte da instituição educacional e pode configurar um espaço importante para o desenvolvimento de competências éticas e relacionais.

É preciso ponderar acerca da responsabilidade institucional em ofertar oportunidades de estágios ao longo do curso, integrando práticas e estágios básico e profissionalizante. As parcerias estabelecidas nesse contexto devem ser promotoras não só do desenvolvimento de competências técnicas, mas também de práticas eticamente implicadas. Aspectos como a honestidade intelectual, o uso cuidadoso dos recursos técnicos e o respeito a todas as pessoas envolvidas no ambiente laboral devem também ser alvo das discussões referentes à supervisão acadêmica do estágio.

Ao direcionar a discussão para o estágio curricular supervisionado específico, a IES tem uma dupla responsabilidade moral: assegurar que existam professores qualificados para a supervisão dos estágios curriculares na área de POT e preservar o caráter pluralista da formação em POT. Isto requer zelar para que os professores supervisores tenham experiências diversificadas de atuação, visando a oferta de modelos que contemplem, ao menos, variadas formas de atuação profissional em POT. A resolução do Conselho Nacional de Educação (Brasil, *Resolução 8 de 2004*) (Apêndice) apresenta mais detalhes sobre as expectativas do que venha a ser desenvolvido como ênfase nos cursos de Psicologia.

Por fim, também é de responsabilidade institucional a elaboração e divulgação de normativas dos estágios para toda a comunidade acadêmica. Constituem dispositivos importantes para assegurar um equilíbrio entre a norma e a conduta ética nas diversas esferas que constituem o estágio supervisionado: modalidades de estágio, manual do estagiário, requisitos de instituições parceiras, normas de orientação para supervisores acadêmicos e locais, diretrizes para a elaboração de projetos de estágios, número de estagiários por supervisor, por exemplo. A **Figura 2** sintetiza as atribuições institucionais para com o estágio.

Figura 2. Atribuições institucionais para com o estágio

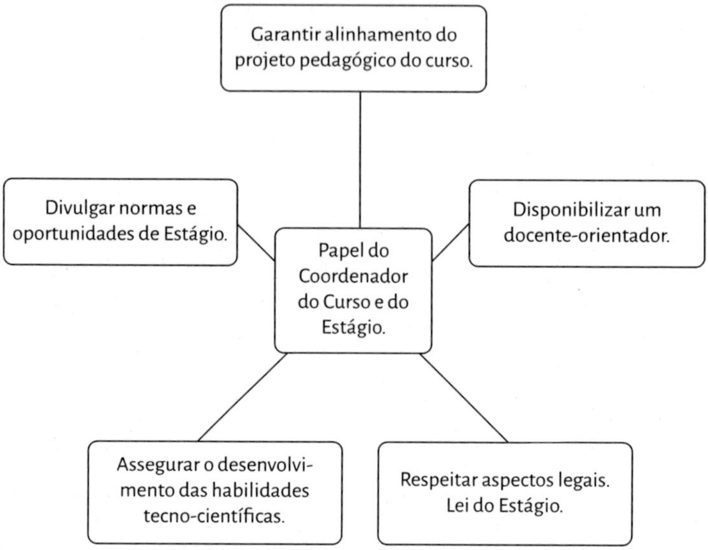

ASPECTOS ÉTICO-MORAIS DA SUPERVISÃO ACADÊMICA

Apesar de a supervisão envolver atividades práticas previstas em diversas disciplinas ao longo do curso de formação, as considerações feitas nesta seção serão dirigidas ao supervisor acadêmico (o docente) de estágio curricular específico, objeto da formação profissionalizante em Psicologia.

Um dos pré-requisitos de um docente supervisor é que possua domínio conceitual, metodológico e técnico no campo que pretende supervisionar. Este domínio pode ser obtido mediante inserção profissional fora do âmbito universitário, mas também pode decorrer da assunção de papéis e exercício de atividades de gestão no âmbito da própria universidade ou instituição formadora. Não é incomum que docentes da área de POT tendam a assumir funções de gestão nas IES.

A exigência de um registro no Conselho Regional de Psicologia (CRP) por parte do docente supervisor é somente uma suposição. Sua vinculação é com as instituições formadoras e estas têm, e prezam muito, autonomia para decidir quem serão seus docentes e o que ensinarão. Evidentemente, espera-se que ensinem o que saibam e, melhor ainda, que o façam com base no que pesquisam. Mais importante que o registro, é o compromisso com as normas disciplinares e com éticas que regem a atuação profissional em Psicologia. Os CRPs têm como missão regulamentar e zelar pelo exercício profissional apoiados em princípios legais, mas fundamentalmente ético-morais. Entretanto, o zelo pelo exercício profissional, realizado como docente, é atribuição daquelas instituições formadoras, que têm autonomia garantida pela legislação maior brasileira. Evidentemente, esta linha de argumentação não se aplica ao caso dos supervisores de campo[4].

A responsabilidade moral de docentes supervisores recai ao menos em três aspectos-chave: (i) disponibilidade e flexibilidade para orientar o estudante conforme as necessidades pessoais e demandas do contexto em que está inserida a prática a ser supervisionada; (ii) qualidade do aprendizado a partir das experiências que o estudante venha a ter no contexto de sua inserção, e (iii) controle regulatório das atividades do estagiário, que envolve acompanhar a execução das atividades, monitorando o aprendizado adquirido e o avaliando. A **Figura 3** destaca tais responsabilidades.

Figura 3. Responsabilidades do supervisor-acadêmico

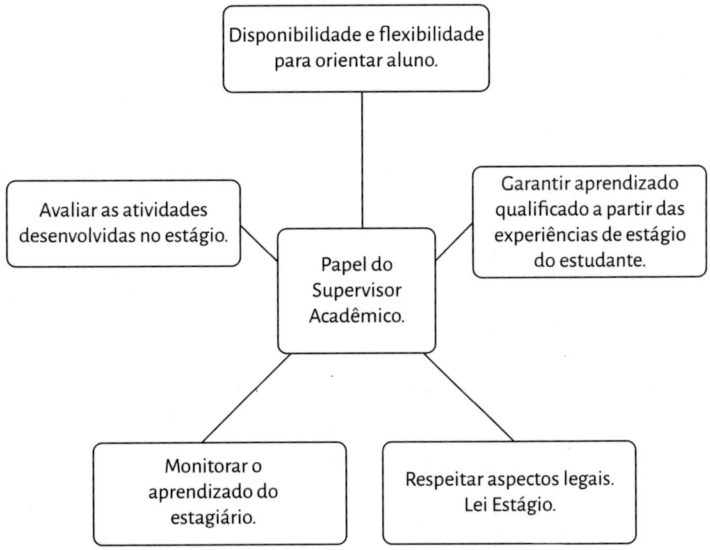

4 A suposição de exigência mencionada neste parágrafo é provavelmente um caso, dentre outros, de ampliação indevida do pensamento clínico, com a presunção de que é pertinente a todos os campos de aplicação do conhecimento produzido em Psicologia. Não é verdadeira. No caso dos estágios em POT, frequentemente existe uma clara separação entre os papéis dos supervisores acadêmicos e de campo, sendo pessoas distintas a atuar em cada um desses papéis.

No que diz respeito ao primeiro elemento-chave, é preciso ter em conta que muitas vezes o estudante pode estar diante de um problema grave no estágio, que torna urgente o aconselhamento e a orientação pontual, não podendo esperar o dia marcado para a supervisão. Certamente, não há aqui uma defesa para que o supervisor tenha dedicação integral e ilimitada para atendimento às demandas de seus estagiários. O que é dito é que o papel do supervisor exige uma postura de flexibilidade para atendimentos necessários, que, porventura, sejam inadiáveis, como as que envolvem, por exemplo, dilemas e conflitos morais, passíveis de ocorrer no campo do estágio. Essas demandas podem também ter relação com as tensões entre os atores envolvidos na oferta e no desenvolvimento de estágio, o que será abordado de modo mais detalhado no **Capítulo 6** deste Manual.

O segundo elemento-chave se refere ao respeito da instituição para com a oferta de estágio. É essencial que o supervisor acadêmico esteja atento para os sinais emanados pela instituição recebedora de estagiários sobre a qualidade do aprendizado que ela proporciona ao estudante. É sabido que algumas organizações oferecem diversas vagas de estágio, mas se encontram pouco compromissadas com a formação de futuros psicólogos. Algumas vezes, o que as motiva é a mão de obra barata, o que diminui os custos com contratação de psicólogos.

Outro exemplo é o de consultorias de recrutamento e seleção, potenciais ofertantes de vagas de estágio remunerado na área de POT. Às vezes, elas tratam o estagiário meramente como um executante de técnicas, não proporcionando aprendizado sobre os procedimentos a serem adotados, e os pressupostos teóricos e metodológicos que os fundamentam. Tais experiências servem somente para proliferar condutas inapropriadas em processos seletivos de futuros psicólogos, contribuindo para a difusão de uma imagem negativa do papel do psicólogo (sobre a importância de parâmetros adequados em processos seletivos, ver Gondim & Queiroga, 2013).

O terceiro elemento-chave, e seus desdobramentos, considera a importância do controle das atividades desenvolvidas no estágio, tanto pelo próprio estagiário quanto pelo supervisor, tendo assim como importante a definição do plano de trabalho no início do estágio (ver **Capítulo 4**).

Uma vez negociado entre estudante, supervisor acadêmico e supervisor local, ele funciona como um contrato psicológico, que sela o vínculo entre os atores. Presume-se que imprevistos ou percalços possam demandar a reavaliação de rumos. Mas isto não é ruim, pois o acompanhamento permite uma visita ao plano previamente traçado e ao redirecionamento das ações. Em resumo, é necessário ter clareza das atividades didáticas desenvolvidas no estágio, com elaboração de cronograma e utilização de metodologia adequada, mas com flexibilidade para adaptação, pois muitas atividades dependem do contexto e, por isso, nem sempre o que é planejado é executado.

Além disso, é preciso também atentar para os aspectos morais e éticos que circunscrevem o processo de estágio. Redirecionar os planos de estágio envolve, necessariamente, um processo de renegociação das ações dos estudantes, que deve contemplar as perspectivas de um conjunto de pessoas implicadas no processo (supervisores acadêmicos e de campo, clientes, colegas de trabalho e de estágio). O fato de as decisões relativas ao plano de estágio envolverem um conjunto de outros atores sociais aumenta a responsabilidade ética e o cuidado que deve estar presente na supervisão do estágio. Reflexões acerca das implicações morais e éticas do redirecionamento a ser dado precisam ser levadas em conta pelo supervisor acadêmico, com discussões abertas com os estudantes sobre como isso afetará as pessoas envolvidas. Nesse sentido, é importante que as consequências de cada ação estejam presentes nas reuniões com os estudantes, tendo em vista que o estágio é um momento em que eles estão experimentando de forma mais direta esse contato com a prática e com as implicações de sua atuação profissional.

ASPECTOS ÉTICO-MORAIS DO SUPERVISOR DE CAMPO

O supervisor de campo é o profissional que não é da academia, mas é atuante na organização concedente do estágio. Em alguns campos do conhecimento, como na medicina, esse profissional recebe outras denominações como preceptor (Botti & Rego, 2008), mas o importante é compreender o seu papel na inserção e socialização do estudante que está fazendo estágio. O supervisor de campo geralmente tem formação em Psicologia[5] e é responsável por supervisionar as práticas no local em que o estágio acontece. Seu papel compreende três funções centrais: (i) oferecer suporte

5 Se não tiver, é altamente recomendável que o supervisor acadêmico tenha formação em Psicologia.

técnico e social para o estagiário; (ii) acompanhar o trabalho desenvolvido pelo estagiário; e (iii) observar e corrigir comportamentos inadequados no contexto de estágio.

Na primeira função, o que está em jogo é o apoio que o supervisor de campo deve dar ao estagiário. Inúmeras evidências na literatura apontam que a variável suporte é considerada uma das mais relevantes para explicar o desempenho no trabalho (Coelho-Júnior & Mourão, 2011; Pereira, Loiola, & Gondim, 2016). A literatura aponta ainda que o desempenho não resulta somente de comportamentos técnicos (Campbell & Wiernik, 2015; Williams & Anderson, 1991), mas depende ainda de aspectos emocionais decorrentes das interações no contexto de trabalho, em que muitas vezes entram em jogo aspectos morais (desempenho extra-papel e cidadania organizacional – Costa & Andrade, 2015; Pearce & Gregersen, 1991).

O suporte técnico é importante, sem dúvida, pois permite que o estudante articule sua prática cotidiana a um referencial teórico metodológico. Sabe-se que, por vezes, as demandas cotidianas do estágio exigem que o estudante se engaje na prática muito antes de ter o domínio necessário para fazê-lo. O suporte profissional do supervisor de campo assegura que a ação seja executada no tempo requerido e orienta o estudante a buscar o conhecimento exigido para que uma ação futura seja feita sob novas bases. Afinal, as atividades no campo de estágio frequentemente não se iniciam quando o estudante está ingressando. Comumente, ele precisa se apropriar em pouco tempo do que já está em curso, ou seja, o estagiário necessita ter alta motivação para buscar ativamente o conhecimento e iniciar suas atividades, esperando que haja apoio institucional pela via do supervisor local.

No que tange à segunda e à terceira função do supervisor de campo, o que está em jogo é o acompanhamento das atividades, da postura e da conduta do estagiário. Isto se torna extremamente relevante porque o supervisor acadêmico frequentemente não acompanha de perto as atividades rotineiras do estagiário.

Nas supervisões acadêmicas são discutidos aspectos teóricos, metodológicos e relatos de situações vividas, sem a presença do supervisor de campo. Este supervisor, provavelmente, tem menor compromisso com a formação oferecida pela IES do que o supervisor acadêmico. Portanto, torna-se essencial que ambos os supervisores estejam em sintonia para zelar pela observância das condutas técnicas e ético-morais do estagiário no espaço de trabalho. Aspectos relativos à sensibilidade, ao julgamento e à intencionalidade moral do supervisor de campo devem ser despertados para que esse ator possa acompanhar as atitudes e os comportamentos do estagiário sob sua responsabilidade, e aconselhá-lo quando necessário.

Do ponto de vista legal, as organizações que oferecem estágio devem celebrar termos de compromisso com a instituição de ensino e o educando, e também, oferecer instalações que proporcionem aprendizagem social, profissional e cultural. Elas precisam ainda indicar um profissional, com formação ou experiência na área de conhecimento desenvolvida no curso do estagiário, para orientar e supervisionar. A lei também obriga a contratação de seguro contra acidentes pessoais e requer que o desligamento do estagiário seja acompanhado de um termo de realização do estágio, o qual indique as atividades desenvolvidas, o período e a avaliação de desempenho. Adicionalmente, durante a vigência do contrato, a organização deve manter os documentos que comprovem a relação de estágio e enviar à instituição de ensino, pelo menos semestralmente, um relatório de atividades que deve ser de conhecimento do estagiário (Brasil, 2008).

Mas, para além dessas obrigações legais, também é preciso refletir sobre outros aspectos éticos relativos à atuação do supervisor de campo, o qual precisa implicar-se no processo de formação do estudante, que será seu futuro colega de profissão. Atentar-se para a questão do desenvolvimento de competências e do processo educativo que caracteriza o estágio é primordial, sendo um dever ético e legal combater a difundida e equivocada noção de estagiário como "mão de obra barata".

Nesse sentido, é fundamental que o supervisor de campo assuma o papel de intermediar possíveis conflitos entre instâncias intra-organizacionais que possam colocar em risco o aprendizado do estudante ou seu bem-estar.

Barreiras organizacionais ao desenvolvimento de competências do estudante, tais como interrupção de atividades, ociosidade do estudante e morosidade nos processos de tomada de decisão, também precisam ser observadas e evitadas pelo supervisor de campo. A implicação da atuação desse supervisor guarda, portanto, uma ligação direta com a qualidade do estágio e com as possibilidades reais de que o estudante terá de aprender e desenvolver-se profissionalmente. Esta é a principal razão de existência dos estágios. A **Figura 4** resume as funções do supervisor local.

Figura 4. Funções do supervisor local

ASPECTOS ÉTICO-MORAIS RELACIONADOS AO ESTUDANTE

Os três primeiros atores orientam-se por aspectos éticos que visam garantir, ao estudante universitário, a qualidade de sua formação, tanto no que tange à oferta de oportunidades e espaços adequados de realização de práticas quanto no que se refere à competência dos supervisores acadêmicos. No entanto, o estudante, alvo das ações para a formação, não deve ser um ator passivo no processo. Isso já foi mencionado reiteradas vezes neste capítulo.

O desenvolvimento de suas competências depende fundamentalmente do seu engajamento ativo no processo de aprendizagem. Além de aspectos de motivação para a aprendizagem, a dimensão ético-moral se torna presente. É esperado do estudante o cumprimento das atividades planejadas, a relação com colegas de trabalho, a interação com o supervisor de campo, com a chefia e demais autoridades formais, e ainda, o estabelecimento de interlocução com usuários ou clientes da organização.

A lei do estágio estabelece aspectos que visam proteger o estagiário e garantir o caráter educativo desse tipo de atividade, que são: jornada de atividade em estágio definida de comum acordo entre a instituição de ensino, carga horária máxima semanal vinculada ao projeto pedagógico do curso, carga horária reduzida nos períodos de avaliação de aprendizagem, duração do estágio, férias, direito de inscrever-se e contribuir para a Previdência Social, direito a férias, preferencialmente durante férias escolares, e aplicação ao estagiário da legislação relacionada à saúde e à segurança no trabalho.

Contudo, é preciso considerar que o bom aproveitamento do estágio enseja um envolvimento por parte do estudante e não apenas o cumprimento da lei por parte das IES e das organizações concedentes. A motivação para aprender guarda a relação direta com os resultados da aprendizagem e com o desempenho no trabalho (Gerhart & Fang, 2015; Mourão & Marins, 2010). Em acréscimo, é importante que o estudante esteja aberto a rever a sua forma de pensar, sentir e agir, uma vez que a aprendizagem é caracterizada por um processo de mudança que ultrapassa a mera maturação (Abbad & Borges-Andrade, 2014). Isso é especialmente importante porque a aprendizagem da conduta ético-moral exige articulação entre o domínio cognitivo (que potencializa a reflexão) e o domínio afetivo (que permite a internalização de valores para orientar condutas e ações) de aprendizagem.

Nesse sentido, para fortalecer uma atuação ética do futuro profissional, o estágio precisa considerar tanto o domínio técnico – que envolve conhecimento teórico e instrumental –, quanto o domínio afetivo, no sentido de implicar o estudante em um agir congruente com a adesão de valores de respeito mútuo e de consideração sincera a todos os atores envolvidos. É fundamental, portanto, que seja despertada no estudante a sensibilidade para questões que envolvem discernir o que é certo ou errado, quer seja para si mesmo, quer seja para as demais pessoas envolvidas na ação profissional. A **Figura 5** sintetiza o papel do estudante no processo de estágio.

Figura 5. Papel do estudante no processo de estágio

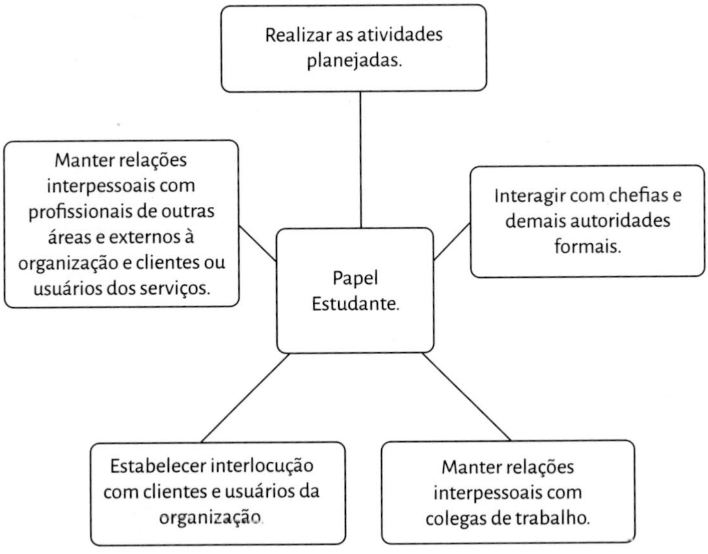

CONSIDERAÇÕES FINAIS

O desenvolvimento de competências ético-morais durante o estágio profissionalizante em Psicologia depende, então, de uma atuação conjunta e responsável de todos os atores envolvidos. A cada um deles cabe um papel específico e uma série de reflexões que podem contribuir para que o estágio venha a ter, de fato, o seu papel educativo e esteja voltado para um tipo de aprendizagem que abarque a aquisição e o desenvolvimento de conhecimentos, habilidades e atitudes.

À guisa de síntese, a **Tabela 1** apresenta algumas das reflexões sobre aspectos éticos para cada um dos atores envolvidos nas situações de estágio profissional em Psicologia.

Tabela 1– Exemplos de reflexões sobre aspectos éticos no estágio

Contexto	Atores	Reflexões importantes
IES	Gestão Coordenador do curso e/ou estágio	• São ofertados estágios diversificados e condizentes com a formação discente? • São respeitadas as diretrizes do MEC e do Código de ética da Psicologia? • Os atores envolvidos no estágio profissionalizante (supervisores acadêmicos, de campo e estudantes) recebem as informações e orientações necessárias?
IES	Supervisor Acadêmico	• O estagiário atua de forma a evitar uma proliferação de "mão de obra" barata? • As atividades de estágio estão vinculadas à ementa do componente curricular do estágio? • As atividades desenvolvidas no estágio são alvo de reflexão e debate no ambiente acadêmico?
Local do estágio	Supervisor de Campo	• A atuação prática do estagiário é devidamente articulada com os pressupostos teóricos? • Os casos de atuações consideradas inadequadas nas atividades do estágio são devidamente apontados e discutidos com o estagiário? • Há articulação com o estagiário para orientá-lo em suas atividades práticas?
IES e local do estágio	Estudante	• A atuação no estágio profissionalizante respeita as diretrizes do Código de ética de Psicologia? • Os aspectos práticos são alvo de reflexão, tendo em vista os pressupostos teóricos e éticos discutidos no ambiente acadêmico? • Há atenção no ambiente laboral para manter uma atuação condizente com as aprendizagens ocorridas ao longo do curso de Psicologia? • A atuação no estágio profissionalizante mantém o compromisso social e ético requerido dos psicólogos?

Entendemos que a formação ético-moral do futuro profissional psicólogo resulta de um esforço conjunto, de um compromisso coletivo, envolvendo atores que ocupam posições distintas no processo de formação, inclusive o próprio estudante, o qual deve ser sujeito ativo neste processo. Certamente, o caminho para uma educação moral, com impactos na adequação da conduta profissional aos padrões ético-morais da área de atuação profissional, não depende somente da construção de uma consciência moral, pois, apesar de ser uma condição necessária, não garante o agir ético.

O agir ético-moral é uma conduta aprendida, refletida e fundada no hábito. Assim, se os supervisores – acadêmicos e de campo – oferecem bons modelos de conduta e auxiliam os estudantes a praticá-los no seu trabalho, isso abre possibilidades de que esta conduta venha a ser continuamente repetida e incorporada no repertório de competências do estudante. Sendo assim, a atuação na supervisão de estágio enseja uma grande responsabilidade, sendo uma oportunidade pedagógica ímpar de contribuir com a construção da profissão, atendendo ao seu compromisso social e ético.

REFERÊNCIAS

Abbad, G., & Borges-Andrade, J. E. (2014). Aprendizagem humana nas organizações e trabalho. In J. C. Zanelli, J. E. Borges-Andrade, & A. V. B. Bastos (Eds.). *Psicologia, organizações e trabalho no Brasil* (pp. 244-284). Porto Alegre: Artmed.

Bernardes, J. S. A. (2012). Formação em Psicologia após 50 anos do Primeiro Currículo Nacional da Psicologia: alguns desafios atuais. *Psicologia: Ciência e Profissão, 32* (num.esp.), 216-231. doi: 10.1590/S1414-98932012000500016

Botti, S. H. O., & Rego, S. (2008). Preceptor, supervisor, tutor e mentor: quais são seus papéis? *Revista Brasileira de Educação Médica,* 32(3), 363-373. doi: 10.1590/S0100-55022008000300011

Brasil (2004). Ministério da Educação. *Resolução nº 8, de 07 de maio de 2004.* Institui as Diretrizes Curriculares Nacionais para os cursos de graduação em Psicologia. Diário Oficial da União. Brasília, DF: Conselho Nacional de Educação e Câmara de Educação Superior.

Brasil (2008). Ministério da Educação. *Lei Nº 11.788, de 25 de setembro de 2008.* Dispõe sobre o estágio de estudantes; altera a redação do art. 428 da Consolidação das Leis. Recuperado de http://www.planalto.gov.br/ccivil_03/_ato2007-2010/2008/lei/l11788.htm

Campbell, J. P., & Wiernik, B.M. (2015). The Modeling and Assessment of Work Performance. *Annual Review of Organizational Psychology and Organizational Behavior,* 2, 47-74. doi: 10.1146/annurev-orgpsych-032414-111427

Coelho-Júnior, F. A., Mourão, L. (2011). Suporte à aprendizagem informal no trabalho: uma proposta de articulação conceitual. *Revista de Administração Mackenzie, 12*(6), 224-253.

Conselho Federal de Psicologia (1995). *Psicologia – Legislação.* Brasília: CFP. Recuperado de http://site.cfp.org.br/legislacao/resolucoes-do-cfp/#LEGISLACAO

Conselho Federal de Psicologia (2005). Código de Ética Profissional do Psicólogo. Brasília. Recuperado de https://atosoficiais.com.br/cfp/resolucao-cfp-n-10-2005-aprova-o-codigo-de-etica-profissional-do-psicologo?q=10/2005

Costa, V. F., & Andrade, T. (2015). Comportamento de cidadania organizacional: caracterização da produção científica internacional no período de 2002 a 2012. *Revista de Administração Mackenzie, 16*(2), 45-71. doi: 10.1590/1678-69712015/administracao.v16n2p45-71

Gerhart, B., & Fang, M. (2015). Pay, Intrinsic Motivation, Extrinsic Motivation, Performance, and Creativity in the Workplace: Revisiting Long-Held Beliefs. *Annual Review Organisational Psychology and Organisational Behavior,* 2, 7-33. doi: 10.1146/annurev-orgpsych-032414-111418

Gondim, S. M. G., & Queiroga, F. (2013). Recrutamento e seleção de pessoas. In L.O. Borges, & L. Mourão. (Orgs.). *O trabalho e as organizações: atuações a partir da Psicologia* (pp. 380-405). Porto Alegre: Artmed.

Gondim, S. M.G. (2004). A face oculta do parecerista: discussões éticas sobre o processo de avaliação de mérito de trabalhos científicos. *Organização e Sociedade – O&S*, 11(31), 195-199.

Jones, T.M. (1991). Ethical decision making by individuals in organizations: An issue-contingent model. *Academy of Management Review*, 16(2), 366-395. doi: 10.5465/AMR.1991.4278958

Kinchin, I. M., Lygo-Baker, S., & Hay, D.B. (2008). Universities as centres of non-learning, *Studies in Higher Education*, 33(1), 89-103. doi: 10.1080/03075070701794858

Kolb, D. A. (1984). *Experiential Learning: Experience as the source of learning and development.* Englewood Cliffs, N. J.: Prentice-Hall.

Kolb, A. Y., & Kolb, D. A. (2006). Learning styles and learning spaces: A review of the multidisciplinary application of experiential learning theory in higher education. In R. R. Sims, & S. J. Sims (Eds.). *Learning styles and learning: A key to meeting the accountability demands in education* (pp. 45-92). New York: Nova Science Publishers.

Kolb, A.Y., & Kolb, D.A. (2010). Learning to play, playing to learn: A case study of a ludic learning space, *Journal of Organizational Change Management*, 23(1), 26-50, https://doi.org/10.1108/09534811011017199

Kolb, A. Y., Kolb, D. A., Passareli, A., & Sharma, G.(2014) On Becoming an Experiential Educator: The Educator Role Profile. *Simulation & Gaming*, 45 (2), 204-234. doi:10.1177/1046878114534383

Kohlberg, L. (1984). *The Psychology of Moral Development*: The Nature and Validity of Moral Stages (Essays on Moral Development, v. 2). San Francisco: Harper & Row.

Krüger, H. (2005). Avaliação de trabalhos científicos. *Organização e Sociedade – O&S*, 12(33), 179-182.

Mourão, L., & Abbad, G. (2016). As lacunas de competências na formação em Psicologia e os riscos para a atuação profissional. In A. B. Soares, L. Mourão, & M. P. E. Mota (Orgs.). *O estudante universitário brasileiro: características cognitivas, habilidades relacionais e transição para o mercado de trabalho*. Curitiba: Appris.

Mourão, L., & Marins, J. (2010). Quem está motivado para aprender nos cursos oferecidos pelas empresas? *Paidéia*, 20(46), 187-196. doi: 10.1590/S0103-863X2010000200006

Pearce, J. L., & Gregersen, H. B. (1991). Task interdependence and extrarole behavior: a test of the mediating effects of felt responsibility. *Journal of Applied Psychology*, 76(6), 838-844. doi: 10.1037/0021-9010.76.6.838

Peixoto, A. L. A. (2016). Regulação e controle ético de pesquisa em Psicologia Organizacional e do Trabalho. *Psicologia, Organizações e Trabalho*, 16(4), 324-332.

Pereira, L. M. R., Loiola, E., & Gondim, S. M. G. (2016). Aprendizagem de competências, suporte à transferência de aprendizagem e desempenho docente: evidências de validação de escala e teste de relações. *Organizações & Sociedade*, 23(78), 438-459. doi: 10.1590/1984-92307856

Piaget, J. (1977/1932). *O julgamento moral da criança*. São Paulo: Mestre Jou.

Pitombeira, D. F., Xavier, A. S., Barroso, R. E. C., & Oliveira, P. R. S. (2016). Psicologia e a Formação para a Saúde: Experiências Formativas e Transformações Curriculares em Debate. *Psicologia: Ciência e Profissão, 36*(2), 280-291. doi: 10.1590/1982-3703001722014.

Rest, J.R. (1986). *Moral development*: Avances in research and theory. New York: Praeger.

Saub, M.K., Finn, D.W., & Munter, P. (1993). The effects of auditor´s ethical orientation on commitment and ethical sensitivity. *Behavioral Research in Accounting*, 5, 145-169.

Williams, L. J., & Anderson, S. E. (1991). Job satisfaction and organizational commitment as predictors of organizational citizenship and in-role behaviors. *Journal of Management,17*, 601-618.

Yamamoto, O. H., Souza, J. A. de, Silva, N. Zanelli, J.C. (2010). A formação básica, pós-graduada e complementar do psicólogo no Brasil. In Bastos, A. V. B. & Gondim, S. M. G. (Orgs.). *O trabalho do psicólogo no Brasil* (pp. 45-65). Porto Alegre: Artmed.

Ziliotto, D. M., Benvenutti, J., Matiello, M., & Peil, S. (2014). Concepções e expectativas de estudantes de Psicologia sobre sua futura profissão. *Gerais: Revista Interinstitucional de Psicologia, 7*(1), 82-92.

APÊNDICE I

(*) CNE/CES Resolução 8 2004 Diário Oficial da União, Brasília, 18 de maio de 2004, Seção 1, p. 16 e 17.4

Art. 12. Os domínios mais consolidados de atuação profissional do psicólogo no país podem constituir ponto de partida para a definição de ênfases curriculares, sem prejuízo para que no projeto de curso as instituições formadoras concebam recortes inovadores de competências que venham a instituir novos arranjos de práticas no campo.

§ 1º O subconjunto de competências definido como escopo de cada ênfase deverá ser suficientemente abrangente para não configurar uma especialização em uma prática, procedimento ou local de atuação do psicólogo. São possibilidades de ênfases, entre outras, para o curso de Psicologia:

a. Psicologia e processos de investigação científica que consiste na concentração em conhecimentos, habilidades e competências de pesquisa já definidas no núcleo comum da formação, capacitando o formando para analisar criticamente diferentes estratégias de pesquisa, conceber, conduzir e relatar investigações científicas de distintas naturezas.

b. Psicologia e processos educativos que compreende a concentração nas competências para diagnosticar necessidades, planejar condições e realizar procedimentos que envolvam o processo de educação e de ensino-apredizagem através do desenvolvimento de conhecimentos, habilidades, atitudes e valores de indivíduos e grupos em distintos contextos institucionais em que tais necessidades sejam detectadas.

c. Psicologia e processos de gestão que abarca a concentração em competências definidas no núcleo comum da formação para o diagnóstico, planejamento e uso de procedimentos e técnicas específicas voltadas para analisar criticamente e aprimorar os processos de gestão organizacional, em distintas organizações e instituições.

d. Psicologia e processos de prevenção e promoção da saúde que consiste na concentração em competências que garantam ações de caráter preventivo, em nível individual e coletivo, voltadas a capacitação de indivíduos, grupos, instituições e comunidades para protegerem e promoverem a saúde e qualidade de vida, em diferentes contextos em que tais ações possam ser demandadas.

e. Psicologia e processos clínicos que envolvem a concentração em competências para atuar, de forma ética e coerente com referenciais processos psicodiagnósticos, de aconselhamento, psicoterapia e outras estratégias clínicas, frente a questões e demandas de ordem psicológica apresentadas por indivíduos ou grupos em distintos contextos.
f. Psicologia e processos de avaliação diagnóstica que implica na concentração em competências referentes ao uso e ao desenvolvimento de diferentes recursos, estratégias e instrumentos de observação e avaliação úteis para a compreensão diagnóstica em diversos domínios e níveis de ação profissional.

APÊNDICE II

CAPÍTULO III – DA PARTE CONCEDENTE

Art. 9º As pessoas jurídicas de direito privado e os órgãos da administração pública direta, autárquica e fundacional de qualquer dos Poderes da União, dos Estados, do Distrito Federal e dos Municípios, bem como profissionais liberais de nível superior devidamente registrados em seus respectivos conselhos de fiscalização profissional, podem oferecer estágio, observadas as seguintes obrigações:

I. celebrar termo de compromisso com a instituição de ensino e o educando, zelando por seu cumprimento;
II. ofertar instalações que tenham condições de proporcionar ao educando atividades de aprendizagem social, profissional e cultural;
III. indicar funcionário de seu quadro de pessoal, com formação ou experiência profissional na área de conhecimento desenvolvida no curso do estagiário, para orientar e supervisionar até 10 (dez) estagiários simultaneamente;
IV. contratar em favor do estagiário seguro contra acidentes pessoais, cuja apólice seja compatível com valores de mercado, conforme fique estabelecido no termo de compromisso;
V. por ocasião do desligamento do estagiário, entregar termo de realização do estágio com indicação resumida das atividades desenvolvidas, dos períodos e da avaliação de desempenho;

VI. manter à disposição da fiscalização documentos que comprovem a relação de estágio;

VII. enviar à instituição de ensino, com periodicidade mínima de 6 (seis) meses, relatório de atividades, com vista obrigatória ao estagiário.

Parágrafo único

No caso de estágio obrigatório, a responsabilidade pela contratação do seguro de que trata o inciso IV do *caput* deste artigo poderá, alternativamente, ser assumida pela instituição de ensino.

3

COMPETÊNCIAS PARA O TRABALHO COLABORATIVO EM EQUIPES MULTI E INTERDISCIPLINARES NO CONTEXTO DO ESTÁGIO

Gardênia da Silva Abbad
Universidade de Brasília

Fernanda Drummond Ruas Gaspar
Universidade de Brasília

Aline de Sousa Nascimento
Universidade de Brasília

Este capítulo trata das principais tendências da educação contemporânea e dos desafios oriundos da natureza inter e multidisciplinar da produção de conhecimentos e do caráter inter e multiprofissional da atuação em diferentes contextos organizacionais e de trabalho. O objetivo deste capítulo consiste em abordar como o trabalho em equipes pode ser usado para estimular reflexões e desenvolver competências, as quais facilitem o enfrentamento de situações de conflito e de relações de poder entre profissionais no contexto organizacional.

O capítulo está estruturado em sete seções: (1) Desenvolvimento de Competências: lacunas e desafios da formação em Psicologia; (2) Tendências da educação contemporânea e a importância de competências interprofissionais para uma atuação bem sucedida; (3) O estágio como um ambiente de desenvolvimento de competências de trabalho em equipe; (4) Competências sociais necessárias ao trabalho colaborativo; (5) Barreiras ao trabalho em equipes inter e multiprofissionais; (6) Metodologias educacionais ativas para o desenvolvimento de competências sociais; e (7) Estratégias de supervisão de estágio voltadas ao desenvolvimento de competências de trabalho em equipe.

DESENVOLVIMENTO DE COMPETÊNCIAS: LACUNAS E DESAFIOS DA FORMAÇÃO EM PSICOLOGIA

A formação em Psicologia é estruturada com base nas Diretrizes Curriculares Nacionais (DCN) dos cursos de graduação, que estabelecem competências e habilidades a serem desenvolvidas durante a graduação, entre as quais as competências de atuação inter e multiprofissional (Abbad & Mourão, 2010). Essas diretrizes, baseadas em competências e habilidades, exigem diversificação de estratégias de ensino e a adoção de metodologias ativas, nas quais o educando é levado a agir, a refletir sobre problemas e a buscar soluções eficazes para problemas reais. Exigem também o contato do educando com os cenários de prática, pois ele precisa desenvolver competências para dialogar e resolver colaborativamente problemas diversos, o que implica em contato direto com profissionais e diversos *stakeholders*, com diferentes visões e interesses, por vezes conflitantes.

A **atuação em equipes**, formadas por profissionais de diversas áreas e que interagem com variados *stakeholders*, tem sido cada vez mais requerida pelos contextos de trabalho. Dados divulgados em 2010, sobre o primeiro emprego do psicólogo no Brasil, apontaram que psicólogos inseridos nos setores públicos e privados, e em organizações do terceiro setor, exercem suas atividades em equipes multidisciplinares e multiprofissionais (Malvezzi, Janissek, & Zanelli, 2010). Mas o que significa e como se diferenciam as equipes inter e multidisciplinares? Por que essas distinções são importantes?

Equipes interprofissionais são aquelas formadas por profissionais de pelo menos duas profissões distintas, ao passo que **Equipes multiprofissionais** são compostas por três ou mais profissionais. Há ainda outra modalidade, a das **equipes de solução de problemas**, em que, além dos profissionais, há a participação ativa de pessoas que representam diversos interessados na solução de um problema. Essas pessoas podem ser gestores e agentes públicos, sindicalistas, representantes de associações e entidades de classe, fornecedores de insumos, representantes de organismos internacionais, entre outros. Nessas equipes, geralmente, há maior diversidade de visões e interesses do que nas duas primeiras.

Enquanto o conceito de interdisciplinaridade é uma tentativa de vencer a fragmentação das disciplinas na produção de conhecimento, o de interprofissionalidade o faz para os campos de atuação profissional.

A interprofissionalidade é um processo pelo qual os profissionais buscam coesão para atender às necessidades de clientes, famílias ou populações (D'Amour & Oandasan, 2005). Envolve esforço conjunto para a reflexão das diferenças de pontos de vista e discordâncias e compartilhar conhecimentos para explorar e resolver problemas conjuntamente.

O conceito de interdisciplinaridade está relacionado ao modo como interagem uma ou mais disciplinas que produzem conhecimento relacionado a determinados temas comuns ou fronteiriços. A saúde ocupacional, por exemplo, exige conhecimentos de diversas disciplinas, como Psicologia, Medicina do Trabalho, Enfermagem, Engenharia de Segurança, entre outras. Esses conhecimentos científicos e tecnológicos são, por um lado, específicos de cada especialidade e, por outro, criados nas zonas de interface entre disciplinas que, de modo complementar, podem oferecer melhores soluções de problemas.

Embora psicólogos e estudantes de Psicologia sejam favoráveis ao trabalho em equipes multiprofissionais, eles não dominam habilidades sociais básicas, de coordenação de processos grupais e de análises de contextos organizacionais, afirmam Martins e Puente-Palacios (2010), Abbad e Mourão (2010) e Mourão e Abbad (2016). Tais competências são fundamentais para a inserção desses profissionais no mercado, tornando-os capazes de intervir com base em conhecimentos científicos e tecnológicos, escolher estratégias de diagnóstico e propor soluções inovadoras para o enfrentamento dos desafios e conflitos interprofissionais e pessoais no trabalho.

A Psicologia, além de exigir competências técnicas e instrumentais, requer competências sociais, essenciais para a atuação profissional em diversas subáreas (Bandeira et al., 2006). As habilidades sociais são importantes para a formação do psicólogo, estudantes de Psicologia possuem *déficit* em habilidades sociais, e os que passaram por treinamento em habilidades sociais (THS) melhoraram o seu repertório, concluíram Leme, Del Prette, Koller e Del Prette (2016).

Competência social é definida como "um conjunto articulado de desempenhos sociais que atende às diferentes demandas próprias dos vários contextos de trabalho, embora não circunscritas a estes" (Del Prette & Del Prette, 2003, p. 414). Seu desenvolvimento requer estratégias educacionais intencionalmente planejadas que favoreçam a aprendizagem ativa e oportunizem atividades práticas para a expressão dessas competências. Esse tipo de aprendizagem requer a exposição do educando a situações em que possa expressar-se, experimentar emoções e sentimentos, e buscar ativamente soluções para problemas. As metodologias ativas são estratégias de ensino-aprendizagem capazes de estimular a assertividade, a comunicação com outras pessoas, a empatia, o trabalho em equipe e a civilidade. Alguns exemplos são as simulações, a aprendizagem pela ação, o treinamento de habilidades sociais e as intervenções em cenários reais de prática em Psicologia Organizacional e do Trabalho (POT). No entanto, nem sempre estão presentes nos cursos de Psicologia. No **Capítulo 1** deste manual são apresentados referenciais teóricos sobre a aprendizagem experiencial baseada em solução de problemas.

O estágio supervisionado em Psicologia pode ser considerado uma metodologia ativa com grande potencial para desenvolver essas competências. Entretanto, terá maior sucesso se for realizado a partir da definição prévia das competências que serão desenvolvidas pelo estagiário. Trata-se de competências sociais, interpessoais, interprofissionais e multiprofissionais que não têm sido enfocadas intencionalmente nos currículos, nos quais prevalecem as estratégias educativas tradicionais.

O estágio é uma valiosa oportunidade para o educando testar os limites e as fronteiras entre disciplinas e profissões. Também pode permitir ao educando exercitar o trabalho em equipes compostas por profissionais de ocupações diversas. Esse ambiente é propício ao desenvolvimento de competências interpessoais, ético-morais e técnicas, como aceitação de diferenças, disposição para compreender e se fazer compreender, ao discutir e solucionar colaborativamente problemas, identificar tensões internas, solucionar conflitos, tomar decisões e gerir equipes com foco nos resultados.

Em POT, o estagiário, ou educando, e o psicólogo atuam geralmente em equipes multiprofissionais. Na área de **trabalho**, é possível que o educando tenha que interagir com economistas, sociólogos, sindicalistas, administradores, contadores, estatísticos e outros envolvidos. Em assuntos concernentes **à saúde e à segurança ocupacional**, o psicólogo e o estagiário poderão interagir com médicos, técnicos em segurança, enfermeiros e técnicos em enfermagem, terapeutas ocupacionais, engenheiros de segurança, fisioterapeutas e fonoaudiólogos. Em assuntos relativos à **gestão de pessoas**, é comum o educando interagir com administradores, pedagogos, advogados, agentes administrativos, estatísticos e muitos outros profissionais que atuam nas variadas atividades dessa área. No **subcampo de orga-**

nização ou **comportamento organizacional**, o estagiário também poderá interagir com diversos profissionais de áreas afins e com outras disciplinas que podem contribuir para o atendimento da demanda. Muitas vezes, o educando trabalhará com psicólogos clínicos e sociais. A depender do problema, ele precisará interagir com profissionais de áreas afins que também estudam comportamento organizacional, como sociólogos, antropólogos, economistas, cientistas políticos e administradores.

Em suma, dificilmente o profissional que atua em POT trabalhará apenas com outros psicólogos. A formação da identidade profissional é promovida pelo estágio, não apenas porque o estagiário entra em contato com a prática e aplica seus conhecimentos técnicos na solução de problemas. Ele aprende a distinguir os limites e o escopo da sua própria atuação profissional (supervisionada) ao observar fronteiras e interfaces com outras profissões e respectivas culturas. Por isso, é recomendável que o educando em POT possa receber uma formação que promova a sua participação ativa em práticas realizadas por equipes inter e multiprofissionais.

A complexa dinâmica de saliência de duas identidades em equipes multidisciplinares, a do grupo de formação profissional e a da equipe propriamente dita, foi estudada por Peixoto e Gondim (2015). O desempenho destas equipes parece estar relacionado ao interjogo das duas identidades. A primeira, ajuda a preservar os limites de atuação profissional e, a segunda, assegura a unidade e complementaridade dos saberes profissionais para uma ação integrada da equipe.

TENDÊNCIAS DA EDUCAÇÃO INTERPROFISSIONAL CONTEMPORÂNEA

O foco na educação interprofissional tem se expandido rapidamente em diversas áreas. Em Psicologia, essa tendência parece ainda pouco intencional e incipiente. Os modelos educacionais emergentes, baseados em competências e habilidades, são similares aos preconizados pelas Diretrizes Curriculares Nacionais do curso de graduação em Psicologia (Abbad et al., 2016). Isto ocorre principalmente no que se refere à natureza inter e multidisciplinar da área de conhecimento e de atuação (Brandt, Lutfiyya, King, & Chioreso, 2014; Havyer et al., 2013; Paradis & Whitehead, 2015; Reeves, Perrier, Goldman, Freeth, & Zwarenstein, 2013).

Entre os estudos realizados por professores de conceituadas universidades estão as análises dos modelos educacionais adotados no período de 1900 até os anos 2000 (Frenk et al., 2010). A **Figura 1**, inspirada no esquema original dessas análises, indica os principais desafios da educação transformadora que procura desenvolver competências complexas de atuação em equipes de múltiplas composições, visando aumentar a qualidade dos serviços prestados à sociedade.

Figura 1. Modelos de educação inter e multiprofissional

Fonte: Adaptado de Frenk et al., 2010, p. 1944.

Na educação tradicional, os processos formativos são voltados predominantemente ao ensino de conhecimentos científicos e tecnológicos específicos de uma disciplina e de práticas típicas de uma determinada profissão. O trabalho em equipes geralmente ocorre somente após a graduação. Na educação inter e multiprofissional, o estudante é colocado, durante a graduação, em contato com profissionais de outras áreas em pesquisas e intervenções em cenários de prática de prestação de serviços. No modelo inter e multiprofissional, o educando é levado, também, durante a graduação, a interagir com profissionais de outras áreas e com diversos *stakeholders*, agentes, representantes de organizações sociais, sindicatos, associações, gestores públicos, familiares dos clientes, entre outros. Esse último modelo é considerado o mais propício ao desenvolvimento de competências necessárias ao atendimento das complexas demandas de trabalho e da sociedade contemporânea.

Os modelos de educação passaram por mudanças acentuadas nas últimas décadas. Eles partiram de uma formação tradicional para uma formação em que a educação requer o **contato direto** do educando com **problemas reais** em cenários de prática, em uma visão integradora da realidade local à realidade global. Além disso, proporciona contato com informações oriundas de instituições internacionais ligadas aos sistemas educacionais e à área específica de atuação da organização na qual o estagiário está inserido. Na seção seguinte, discute-se o estágio como um ambiente propício ao desenvolvimento de competências e habilidades de trabalho em equipe.

O ESTÁGIO COMO UM AMBIENTE DE DESENVOLVIMENTO DE COMPETÊNCIAS DE TRABALHO EM EQUIPE

No Brasil, a formação em Psicologia parece ainda estar adotando práticas educativas tradicionais com pouco foco no desenvolvimento intencional de competências sociais, inter e multiprofissionais. O estágio pode oportunizar a inserção do educando em equipes, cujas demandas de clientes ou usuários são discutidas e solucionadas cooperativamente por profissionais de diversas áreas de atuação. Então, há condições propícias ao desenvolvimento de importantes competências sociais, imprescindíveis para a formação da identidade profissional e da capacidade de agir de modo cooperativo como membro de equipes de trabalho.

Nesse tipo de cenário de prática, o estagiário poderá compreender melhor o papel de cada profissional da equipe, perceber os limites e espaços de trabalho específicos da POT, e refletir sobre as áreas de interface com outras disciplinas e profissões. Além disso, ele aprenderá a compartilhar conhecimentos e habilidades na busca de soluções eficazes e no acompanhamento de resultados de intervenções.

O estágio em cenário de prática colaborativa leva o educando a experimentar as etapas de uma intervenção, além de possibilitar a observação, a reflexão e a discussão com o supervisor de estágio sobre o papel do psicólogo e o de outros profissionais da equipe. O estágio em equipes inter e multiprofissionais enriquece a reflexão sobre a natureza multivariada das demandas e dos contextos de clientes ou usuários. Ele favorece a discussão sobre diversas alternativas de soluções, a avaliação de eficiência, a eficácia e a efetividade de intervenções, e sobre questões éticas e legais envolvidas nos casos, conforme apresentadas no **Capítulo 2** deste livro. Nesse cenário de prática colaborativa, os conhecimentos teórico-conceituais e técnicos e as habilidades metodológicas e instrumentais que o educando está adquirindo, ou já adquiriu, durante o curso de graduação, são postos em prática em ambientes reais de trabalho.

Esse tipo de metodologia torna o educando participante ativo da própria aprendizagem. A partir de interações face a face com outras pessoas, usuários ou clientes, profissionais, e demais *stakeholders,* propiciam contato com emoções, sentimentos, afetos e reflexões sobre a prática, do ponto de vista técnico e ético-moral. Porém, esse tipo de metodologia requer a presença de um supervisor/docente que facilite os processos de reflexão, a discussão de casos, e crie, se necessário, exercícios de simulação da realidade. Em algumas situações, o supervisor precisa adotar estratégias adicionais de ensino para o desenvolvimento de competências e habilidades ainda não dominadas pelo educando.

Se o estagiário estiver fazendo seus estudos em um hospital, por exemplo, precisará conhecer as relações mantidas por essa organização hospitalar com agentes governamentais locais, regionais e nacionais, e compreender as ligações entre os processos internos de trabalho com os padrões nacionais e internacionais de qualidade da gestão e do cuidado aos pacientes e usuários desses serviços.

Para fazer um estágio produtivo e bem sucedido, o educando precisa compreender o contexto histórico e atual, pesquisando políticas, legislações e consultando documentos e materiais que possibilitem compreender os valores, as práticas e a cultura daquela organização. Após reflexão e síntese interpretativa, ele estará mais apto a entender, opinar e participar de intervenções e soluções mais eficazes e eficientes e que respeitem a cultura, as características do ambiente, da organização e do cenário em que as atividades de estágio ocorrem.

Se o educando estiver estagiando em um ambiente escolar, também terá que estudar e compreender o contexto histórico e atual da instituição e do sistema educacional em que essa escola se insere, as leis, as políticas, a estrutura e a dinâmica organizacional, e entender as relações dessa instituição com docentes, estudantes, familiares, comunidade, agentes de governos locais, regionais e nacionais. Se o estagiário quiser aprender ainda mais sobre o ambiente escolar, ele deverá informar-se sobre as principais tendências da educação contemporânea no mundo, conversando com profissionais de educação e fazendo buscas em materiais escritos. Assim, o educando refletirá sobre o quanto os processos e as metodologias educacionais adotadas por essa instituição se alinham às políticas e às práticas inovadoras adotadas com sucesso em outros contextos.

Para participar ativamente da busca de soluções e intervenções em organizações e trabalho, o estagiário também precisa conhecer o ambiente interno e externo à organização, os elementos da cultura organizacional (valores, normas, leis, práticas, etc.), e ainda, compreender as relações que esses contextos têm com os problemas e com as demandas que um psicólogo e outros profissionais enfrentam ao lidarem com assuntos de comportamento organizacional, gestão de pessoas, relações de trabalho ou saúde ocupacional, entre outras atividades de POT.

O estágio é, pois, uma estratégia educacional que requer o contato direto do estagiário com a prática profissional supervisionada em ambientes reais, fora da sala de aula e, se possível, fora da instituição em que estuda. A diversificação de ambientes e de contextos de prática também pode trazer benefícios ao educando, pois o ajudará a buscar, por meio de reflexão e discussão, a transferência de aprendizagens para a atuação em diferentes contextos. Entretanto, a imersão do estagiário em ambientes complexos exige supervisão e planejamento educacional que apoia a aprendizagem e dá suporte ao estudante em momentos de conflitos, nas relações de poder, nos problemas de comunicação, entre outros, muito frequentes em equipes de trabalho.

O estágio é um ambiente favorável ao desenvolvimento de competências e habilidades sociais relativas à **Atuação Inter e Multiprofissional**, um dos cinco conjuntos de competências essenciais da formação do psicólogo (Abbad & Mourão, 2010). As demais são: 1) Análise de contexto e campo de atuação; 2) Intervenção; 3) Investigação científica; 4) Avaliação e diagnóstico; e 5) Atuação em equipes inter e multidisciplinares.

COMPETÊNCIAS E HABILIDADES SOCIAIS NECESSÁRIAS AO TRABALHO COLABORATIVO

Algumas definições de habilidades sociais propostas e adotadas em diversas pesquisas nacionais sobre o tema são similares às identificadas por Thistlethwaite e Moran (2010). Trata-se de competências básicas que capacitam o indivíduo a se relacionar bem com o outro, independentemente do contexto. Entre elas estão as habilidades de comunicação, a assertividade, a empatia e a expressão de sentimentos positivos em relação a outras pessoas (Del Prette & Del Prette, 2001).

A **Tabela 1** apresenta uma lista de habilidades sociais básicas, extraídas dos trabalhos de Del Prette e Del Prette (2001, 2017). Elas são associadas a exemplos de habilidades aplicadas ao contexto de trabalho colaborativo (D'Amour & Oandasan, 2005; Hall, 2005; Lima & Soares, 2015; Orchard et al., 2010; Thistlethwaite & Moran, 2010).

Tabela 1 – Habilidades sociais básicas e relacionadas ao trabalho colaborativo

Habilidades sociais básicas	Habilidades intrapessoais	Habilidades relacionadas ao contexto de trabalho colaborativo
Comunicação	Iniciar, manter e encerrar uma conversação. Expor de forma clara o seu ponto de vista. Fazer e responder a perguntas. Duração, latência e regulação da fala.	Gratificar e elogiar. Pedir e dar *feedback*. Compartilhar tomada de decisão. Negociar e resolver problemas. Compartilhar informações em início e final de turnos de trabalho, garantindo a continuidade dos serviços.
Civilidade	Dizer "por favor" e agradecer. Apresentar-se; cumprimentar; despedir-se. Analisar questões éticas referentes ao trabalho.	Ouvir atentamente a opinião de outros membros da equipe. Expressar sua opinião para outros membros da equipe de forma respeitosa.
Assertivas de enfrentamento	Manifestar opinião, concordar e discordar. Fazer, aceitar e recusar pedidos. Desculpar-se e admitir falhas. Lidar com críticas.	Manifestar-se com segurança ao opinar sobre quais problemas devem ser considerados prioritários e urgentes. Manter contato visual com o interlocutor, falar em tom audível, com gestos firmes e postura apropriada. Demonstrar segurança ao interagir com autoridades e profissionais hierarquicamente superiores.
Sociais empáticas	Colocar-se no lugar do outro, compreender sua situação e reconhecer seus sentimentos. Compartilhar a emoção do outro, mantendo autocontrole emocional. Expressar sua compreensão e seus sentimentos diante da experiência vivida pelos outros. Disposição para compreender e se fazer compreender. Compreender os próprios estereótipos e os dos outros.	Respeitar as diferenças individuais dos integrantes da equipe. Respeitar as emoções e os sentimentos expressos por outros membros da equipe, mantendo o autocontrole em situações de conflito. Respeitar e identificar o potencial de cada membro da equipe. Dispor-se a desfazer mal-entendidos relacionados ao uso de linguagem técnica ou valores profissionais.

Habilidades sociais básicas	Habilidades intrapessoais	Habilidades relacionadas ao contexto de trabalho colaborativo
Sociais de expressão de sentimentos positivos	Fazer amizade. Expressar a solidariedade. Trabalhar junto e cooperativamente	Tratar indistintamente bem os integrantes da equipe. Dispor-se a colaborar com a equipe. Expressar sentimentos positivos na realização de atividades.

Fontes: Abbad & Mourão (2010); Bandeira, Costa, Del Prette, Del Prette, & Gerk-Carneiro (2000); Del Prette & Del Prette (2001, 2017); D'Amour & Oandasan (2005); Hall (2005); Lima & Soares (2015); Murta (2005); Orchard et al. (2010); Thistlethwaite & Moran (2010).

A **Tabela 1** evidencia que o trabalho colaborativo em equipes inter e multiprofissionais requer um conjunto específico de conhecimentos, habilidades e atitudes voltado à superação de desafios e barreiras comumente encontradas em contextos reais de trabalho. Há revisões sistemáticas da literatura que apresentam e discutem resultados de aprendizagem da educação interprofissional, publicadas por Abbad e Mourão (2010), Bandeira, Costa Neves, Del Prette, Del Prette e Gerk-Carneiro (2000), Hall (2005), Lima e Soares (2015), Murta (2005) e Orchard et al. (2010). Uma lista importante e representativa dessas discussões é apresentada na **Tabela 2**, baseada em Thistlethwaite e Moran (2010).

Tabela 2 – Competências específicas de atuação em equipes inter e multiprofissionais

Trabalho em Equipe	Reconhecer a importância de objetivos comuns.
	Expressar atitudes favoráveis à colaboração com outros profissionais.
	Analisar a dinâmica e as relações de poder dentro da equipe.
	Dispor-se a colaborar com outros profissionais no trabalho.
Definição de Papéis e Responsabilidades	Compreender papéis, responsabilidades e expertise dos membros da equipe.
	Conhecer e desenvolver o próprio papel profissional dentro da equipe.
	Perceber diferenças e semelhanças entre os papéis, as atitudes e as habilidades dos profissionais que compõem a equipe.
	Compreender as fronteiras entre papéis/profissões.
	Ser capaz de superar concepções errôneas sobre as relações entre papéis.
	Conhecer o ambiente e a organização em que atua e as filosofias que embasam as intervenções.
Comunicação e *Feedback*	Comunicar-se com outros estudantes e com outros profissionais.
	Ser capaz de negociar e solucionar conflitos.
	Ser capaz de expressar as próprias opiniões diante de outras pessoas envolvidas no trabalho.
	Ouvir os outros integrantes da equipe.
	Compartilhar tomadas de decisões.
	Garantir a continuidade do trabalho, dispondo-se a transmitir informações sobre o trabalho.
	Redigir *e-mails* e outros documentos em linguagem acessível e adequada a uma equipe com diversidade de formação profissional.

Aprendizagem/Reflexão	Identificar necessidades de aprendizagem para o futuro desenvolvimento da equipe.
	Identificar interesses profissionais comuns por meio de reflexão.
	Buscar aprendizagens por meio do apoio de pares/colegas.
	Transferir aprendizagens interprofissionais para o trabalho.
	Realizar autoquestionamento sobre eventuais pontos de vista embasados em preconceitos ou estereótipos.

Foco no Usuário/Cliente	Atuar centrado no usuário ou cliente.
	Compreender as perspectivas do usuário do serviço.
	Trabalhar junto e cooperativamente com o usuário/cliente.
	Respeitar os interesses e as demandas do usuário/cliente.
	Identificar necessidades do usuário/cliente.
	Perceber o usuário/cliente como um participante da equipe.
Ética/Atitudes	Conhecer os pontos de vista e as ideias dos outros profissionais.
	Respeitar e preocupar-se em analisar questões éticas referentes ao trabalho da equipe.
	Ser capaz de enfrentar incertezas.
	Compreender os próprios estereótipos e os dos outros.
	Respeitar diferenças e dificuldades de outras pessoas.

Fonte: Thistlethwaite & Moran (2010).

Durante o estágio, o educando também deve ser estimulado a refletir sobre barreiras à comunicação e desenvolver habilidades de negociação e solução de conflitos. A seguir, são discutidas as principais barreiras ao trabalho colaborativo em equipes multiprofissionais e as habilidades específicas necessárias ao enfrentamento desses desafios no trabalho.

BARREIRAS AO TRABALHO EM EQUIPES INTER E MULTIPROFISSIONAIS

Há diversas razões pelas quais estudantes e psicólogos enfrentam dificuldades quando atuam em equipes inter e multiprofissionais. Uma delas está relacionada à formação focada essencialmente na profissionalização e em atividades educativas tradicionais que oferecem poucas oportunidades de participação do estudante em equipes inter/multiprofissionais.

Ainda há barreiras inerentes às culturas profissionais e que podem dificultar a atuação do educando, pelos possíveis conflitos gerados por tensões interprofissionais. O primeiro passo é reconhecer os sinais de tensão, estresse e conflitos e descobrir as razões pelas quais as pessoas disputam espaços e poder no trabalho.

Os conflitos e as relações assimétricas de poder e autoridade ocorrem em função de diversos fatores: alguns relativos **às pessoas** que compõem a equipe (perfil sociodemográfico, personalidade, estilos de aprendizagem, inteligência); outros às **características da própria equipe** e **ao contexto de trabalho**, como:

- desconhecimento dos papéis e da responsabilidades de cada profissional no atendimento das demandas do usuário e dos demais envolvidos;
- dificuldade de perceber limites de atuação entre áreas fronteiriças em situações nas quais as distinções entre espaços profissionais ainda não estão consolidadas;
- uso de jargões técnicos distintos que tornam difícil a comunicação entre profissões;
- questões de gênero e classe social;
- divisão desigual de trabalho e responsabilidades;
- insatisfação e sentimentos negativos de membros da equipe ao perceberem baixa valorização ou descarte de suas contribuições na equipe;
- existência de diferentes maneiras de solucionar problemas;
- falta de uma compreensão compartilhada sobre como abordar e resolver problemas;
- estresse;
- rotatividade de membros da equipe e dificuldade de preparar os novos integrantes;

- falta de recursos;
- conflitos entre profissionais;
- sobrecarga de trabalho e fadiga.

É preciso levar em conta também que o contexto pode interferir no funcionamento da equipe. Contextos adversos podem fazer com que os membros desistam de conversar e discutir suas ações, decidindo agir de modo independente e autônomo. Isso, infelizmente, torna incompatível o trabalho cooperativo e sinérgico.

A **Figura 2** esquematiza os processos de profissionalização e socialização, formadores de identidades e transmissores de culturas profissionais, e indica as habilidades de trabalho em equipe.

Figura 2. Profissionalização e socialização e as habilidades necessárias ao trabalho em equipe

O papel integrador da educação interprofissional no desenvolvimento de competências para o trabalho colaborativo é ressaltado na **Figura 2**. Há, por um lado, estudos que evidenciam impactos positivos do trabalho em equipes inter e multiprofissionais (Reeves et al., 2013). Por outro lado, há evidências de barreiras e desafios ao trabalho colaborativo (Baker, Egan-Lee, Martimianakis, & Reeves, 2011; Hall, 2005). Entre os fatores associados a essas dificuldades estão a natureza intradisciplinar e uniprofissional dos cursos de graduação e as culturas profissionais específicas que agem como barreiras à formação de um perfil mais aberto à troca, às relações horizontais e à corresponsabilidade pelos resultados de intervenções.

As profissões lutam para definir suas identidades, seus valores, seus espaços e papéis junto aos usuários de seus serviços ou aos clientes. Cada profissão se empenha para que os seus membros compartilhem experiências, valores, maneiras de resolver problemas e linguagem. Isso ocorre não apenas por meio de processos educacionais, mas também pelos processos de socialização durante o período de formação, de modo a consolidar uma visão única de mundo. Desse modo, ao final da formação, o estudante terá passado por processos de socialização e de profissionalização que, juntos, o conduzirão a assumir uma identidade profissional.

Essa diferenciação resulta em divisão de papéis e de responsabilidades, o que pode dificultar a formação de equipes coesas e afetar negativamente a qualidade dos serviços prestados pelos profissionais à sociedade. Isso é bem visível em equipes multiprofissionais de gestão de pessoas, em que atuam administradores, advogados, psicólogos e interessados (sindicatos, agentes de governo, agentes da justiça do trabalho, auditores, familiares, pensionistas e aposentados). No entanto, a diferenciação de papéis e a ocupação de espaços profissionais bem delimitados é uma realidade encontrada em escolas, cujas equipes são formadas por educadores, psicólogos, agentes de apoio administrativo e logístico, familiares, agentes públicos, representantes da comunidade, entre outros.

A identidade profissional é importante para demarcar zonas de expertise, conforme estudo realizado por Peixoto e Gondim (2015). De acordo com as mesmas autoras, a identidade de equipe também é fundamental para assegurar a complementaridade, uma vez que uma não é superior a outra, oscilando em termos de saliência, dependendo da fase de desenvolvimento da equipe e das regras organizacionais e ocupacionais que orientam o seu funcionamento.

Em suma, entre as barreiras ou os desafios do trabalho colaborativo em equipes multiprofissionais estão: (1) os estereótipos e as culturas profissionais; (2) o apego a linguagens técnicas específicas e o uso inconsistente ou inapropriado de conceitos distintos para definir e intervir em situações de trabalho; (3) a falta de preparo de profissionais para as conversas e interações baseadas em conhecimentos e tecnologias oriundos de disciplinas distintas; (4) a falta de conhecimento sobre os papéis de cada profissional integrante de equipes; e (5) a disputa por espaços no mercado de trabalho (Abbad et al., 2016).

Conheça, a seguir, algumas abordagens educacionais propícias ao desenvolvimento de habilidades de trabalho em equipe.

METODOLOGIAS EDUCACIONAIS ATIVAS PARA DESENVOLVER COMPETÊNCIAS SOCIAIS

No campo da educação, as teorias e as práticas sofrem um grande desencontro, ou seja, há uma lacuna clara entre o que deveria de fato acontecer e o que realmente ocorre nas instituições de ensino (Álvarez-Álvarez, 2015). Metodologias ativas requerem que o estudante se expresse e atue diretamente para resolver problemas reais ou aproximações da realidade. Geralmente, envolvem a mobilização de cognições, afetos, sentimentos, valores, atitudes e habilidades, caracterizadas pela multimodalidade de estímulos para o educando. Dentre as estratégias educacionais ativas destacam-se a aprendizagem baseada em problemas (ABP), ou *problem based learning (PBL)*, a simulação, os jogos sérios, o treinamento em habilidades sociais (THS), a dramatização, a solução colaborativa de problemas e a aprendizagem pela ação (*action learning*) (Berbel, 2012; Del Prette & Del Prette, 2003; Murta, 2005; NMC Horizon Report, 2017).

A **aprendizagem baseada em problemas** oportuniza a experiência de solução de problemas complexos para os quais há mais de uma solução. Essa estratégia leva o estudante a trabalhar em grupos colaborativos para identificar o que estes precisam aprender para resolver um determinado problema. Trata-se de uma metodologia construtivista que engaja o estudante em uma aprendizagem ativa, na aplicação direta dessas novas aprendizagens, e na reflexão sobre a efetividade das estratégias adotadas. Nesse tipo de abordagem, o professor é um facilitador da aprendizagem e não apenas um transmissor de conhecimentos (Hmelo-Silver, 2004). Entre as competências sociais desenvolvidas por esse tipo de método podem ser citadas as atitudes favoráveis ao trabalho em equipe, a capacidade de escutar, cooperar e respeitar as opiniões dos colegas (Wood, 2003).

O método da aprendizagem baseada em problemas teve sua efetividade avaliada em um estudo realizado por Preeti, Ashish e Shriram (2013). Em comparação com métodos de ensino tradicionais, gerou maior interesse do estudante, melhor compreensão do conteúdo, promoveu uma aprendizagem autodirigida, e promoveu incremento significativo no desempenho dos estudantes. Esse tipo de abordagem é compatível com o ensino de Psicologia e pode ser adotado como estratégia complementar em supervisões de estágio, visando preparar o estagiário para a solução colaborativa de problemas em equipes em cenários reais de trabalho.

A **simulação realística** é outro método utilizado para reproduzir e ampliar experiências reais ou guiadas, como estratégias didáticas que ajudam o estudante a concretizar a sequência em que o docente irá desenvolver os conteúdos didáticos. Pode ainda ser usada em educação, avaliação e pesquisa, incluindo diversas modalidades (alta, média e baixa fidelidade), que têm em comum o fato de reproduzirem algumas características da realidade de modo a desenvolver habilidades sociais e técnicas em estudantes. Essas modalidades incluem simulação presencial de procedimentos, simulação virtual, clientes e usuários simulados (atores treinados para exercer determinados papéis em diferentes cenários), manequins/equipamentos reais ou virtuais programáveis e imersão simulada (Abreu, Freitas, Berte, Ogradowski, & Nestor, 2014; Paige et al., 2014). Experiências bem sucedidas de uso de simulação foram relatadas nos estudos de Barreto, Silva, Moreira, Silva e Magro (2014), Fewster-Thuente (2014), Harder, Ross e Paul (2013) e Lapkin, Levett-Jones, Bellchambers e Fernandez (2010). Esse tipo de estratégia educativa é pouco adotada no ensino de Psicologia, apesar de evidências de sua eficácia no desenvolvimento de competências de trabalho (treinamento em combate a incêndios e outros sinistros, salvamentos, pilotos da aviação, motoristas, formação de médicos e enfermeiros).

Há evidências de que a simulação, além de desenvolver habilidades cognitivas, possibilita ao estudante vivenciar contato com sentimentos, emoções e afetos antes de atuar no cenário real de trabalho. A simulação foi referida como estratégia educacional capaz de integrar teoria e prática, diminuir ansiedade e desenvolver habilidades para lidar com eventos de crise e com o contexto (Barreto et al., 2014).

Os **métodos virtuais, tecnológicos e inovadores** de aprendizagem ganharam espaço na área de educação (Aguinis & Kraiger, 2009). A **gamificação**, por exemplo, foi utilizada nos últimos anos como recurso e estratégia de aprendizagem. A gamificação consiste em estratégias educativas baseadas em jogos que objetivam engajar pessoas, motivá-las para a ação, bem como promover a aprendizagem e a solução de problemas, de acordo com Kapp (2012). Esses jogos podem envolver participação presencial ou mediada por novas tecnologias da informação e comunicação.

Para conhecer as tendências inovadoras no ensino superior no mundo, sugere-se uma consulta aos relatórios anuais denominados *NMC Horizon Report – Higher Education Edition* (2015, 2016 e 2017). Nesses relatórios, há a descrição e análise de diversas estratégias educacionais inovadoras, algumas das quais referidas como eficazes no desenvolvimento de competências de solução colaborativa de problemas. O estagiário pode ser preparado para trabalhar em equipe por meio de jogos sérios em que o desafio é conseguir resolver ou criar uma nova solução para um problema por meio do trabalho colaborativo, ao mesmo tempo em que experimenta a competição com outras pessoas e equipes. A gamificação promove a aprendizagem da aplicação de regras e a coordenação de esforços para o cumprimento de tarefas e para a superação de desafios, simulando o trabalho de equipes em ambientes organizacionais.

A gamificação pode ser feita sem o uso de tecnologias da informação e comunicação. Esse tipo de método adota princípios e regras de jogos para produzir materiais e desenhos instrucionais. Tudo pode ser feito em situação presencial de ensino. Esse tipo de estratégia é adequada para o desenvolvimento de habilidades de cooperação e competição saudável. Ela pode ser usada como recurso complementar para preparar o estagiário ou educando para a interação em equipes de composição complexa e que estejam submetidas a um ambiente que exige tanto cooperação (interna) como competição (com outras equipes ou organizações).

O **Treinamento em Habilidades Sociais** (THS) é um método educativo que visa desenvolver habilidades interpessoais em situações sociais. Baseia-se em abordagens humanistas, cognitivo-comportamentais e sistêmicas. Ele é muito utilizado em diferentes contextos, como escolares, universitários e de trabalho, assim como em contextos de prevenção primária e secundária. Tanto pode ser usado como estratégia de desenvolvimento de indivíduos como de grupos, como sugeriu o estudo de Magalhães e Murta (2003).

O THS, aplicado nesse estudo, compreendeu 10 sessões grupais nas quais foram realizadas vivências, ensaio comportamental, estratégias de reestruturação cognitiva e relaxamento. Os resultados mostraram que os participantes, em média, melhoraram em todos os escores fatoriais do inventário de habilidades sociais e em seus repertórios. O THS tem sido aplicado com sucesso para desenvolver essas habilidades em estudantes universitários (Lima & Soares, 2015) e em contextos de gestão participativa (Rubio, León-Pérez, & Araújo, 2015). O THS também pode ser aplicado como recurso de preparação do estagiário para a atuação em cenários de prática.

ESTRATÉGIAS DE SUPERVISÃO DE ESTÁGIO VOLTADAS AO DESENVOLVIMENTO DE COMPETÊNCIAS DE TRABALHO EM EQUIPE

Durante o estágio, a adoção de metodologias educacionais ativas é recomendável, pois são muito apropriadas para o desenvolvimento de competências sociais necessárias ao trabalho em equipes inter e multiprofissionais. Entretanto, é preciso planejar de modo sistemático essas atividades de estágio. Deve-se evitar ao máximo o uso predominante de metodologias tradicionais e pouco interativas como a leitura, o estudo dirigido e a discussão de textos em sala de aula. Diante desse desafio: **o que o supervisor precisa fazer para planejar as situações de ensino-aprendizagem durante o estágio?**

Em primeiro lugar, é preciso estabelecer objetivos educacionais que indiquem quais habilidades o educando aprenderá e quais comportamentos observáveis ele deverá ser capaz de expressar no trabalho, após a participação nas atividades práticas. Esses objetivos podem ser elaborados a partir das descrições de habilidades e competências sociais contidas nas **Tabelas 1** e **2**. Em seguida, é possível escolher a metodologia e confeccionar materiais e recursos de ensino-aprendizagem com a participação dos estudantes. São necessárias ainda listas de verificação contendo as habilidades que serão desenvolvidas no exercício. Casos e problemas devem ser preparados a partir de exemplos extraídos do cenário de prática do estagiário. Recomenda-se que a construção dos materiais e a descrição dos casos seja uma atividade participativa para a qual os estagiários possam trazer exemplos de situações vivenciadas no estágio, a serem discutidos e trabalhados durante os contatos com o supervisor de estágio e com outros estagiários.

Sugere-se a abordagem baseada em problemas para lidar com as barreiras para a atuação colaborativa em equipes inter e multiprofissionais. Tais situações são muito propícias à discussão, à reflexão e ao desenvolvimento de habilidades e competências de trabalho colaborativo. **Como trilhar esse caminho durante o estágio em direção ao desenvolvimento de competências de trabalho colaborativo em inter e multiprofissionais durante o estágio?**

Uma das maneiras é tentar melhorar a compreensão do supervisor e do estagiário sobre as barreiras ao trabalho em equipe na busca de soluções para o enfrentamento e a superação desses desafios nos encontros de supervisão. Isto pode ser realizado por meio do estudo de casos e de situações-problema. A **Tabela 3** mostra um exemplo de situação-problema que pode servir de base para a construção de materiais de apoio ao desenvolvimento de competências sociais e inter e multiprofissionais e para a escolha de metodologias educacionais ativas.

O caso para estudo está descrito na **Tabela 3** de acordo com os seguintes tópicos: (1) Características da Organização e do Contexto; (2) Descrição do Problema – questões indutoras, barreiras e desafios à comunicação e ao trabalho cooperativo, consequências do problema; (3) Descrição das etapas da metodologia ativa para o desenvolvimento de competências de trabalho inter e multiprofissional cooperativo; (4) Conhecimentos específicos de apoio; (5) Competências e habilidades sociais trabalhadas por meio de casos e simulações; e (6) Síntese das estratégias metodológicas adotadas no estudo de caso e nas simulações. Os dois últimos tópicos da **Tabela 3** apresentam resumos dos resultados de aprendizagem esperados e dos procedimentos educacionais adotados durante a simulação de conversas e de uma reunião de trabalho.

Tabela 3 – Caso de implantação de um modelo de gestão de pessoas por competências

1 Características da Organização e do Contexto
Organização • Hospital privado de grande porte. • Corpo funcional formado por 3.200 empregados. • 100 anos de fundação. • Estrutura hierárquica bem delimitada e verticalizada. • Cultura organizacional rígida, com normas, políticas e medidas disciplinares pouco flexíveis. • As promoções de cargo são realizadas por indicação e não por mérito. • Primeira proposta de implantação de gestão por competências foi realizada após contratação de um novo Coordenador da área de Gestão de Pessoas (Psicólogo).
Contexto A área de Gestão de Pessoas deseja implantar um novo sistema de gestão por competências, o que requer o treinamento de todas as lideranças sobre as novas práticas de seleção, treinamento, crescimento em carreira, ferramentas de avaliação de pessoas e monitoramento de indicadores de desempenho setoriais. No entanto, o gestor da área se depara com algumas barreiras impostas por algumas lideranças da Organização, e as limitações relatadas pelos setores de Tecnologia da Informação (TI) e Comunicação e Marketing.

2 Descrição do Problema

Questões indutoras

Como enfrentar as resistências manifestadas por profissionais de TI, Marketing e outras lideranças organizacionais à implantação de um novo sistema de gestão de pessoas por competências?

Barreiras ou desafios à comunicação e ao trabalho cooperativo

- O profissional da área de TI alega precisar de muito tempo para desenvolver um sistema que apoie as ferramentas de gestão por competência recomendadas pela área de Gestão de Pessoas e informa que essa atividade não foi considerada prioritária pelo chefe da Unidade.
- A gestora de Marketing informa que o quadro de colaboradores da sua área está reduzido e que não dispõe de tempo nem de recursos financeiros para investir numa campanha de comunicação interna para sensibilização do modelo de gestão por competência.
- O Gerente Financeiro desconhece as vantagens associadas à remuneração de pessoas por competências e coloca objeções à implantação do modelo, em virtude dos altos impactos financeiros na criação de carreiras com progressões funcionais por qualificação e mérito previstas na proposta.

Consequências organizacionais do problema

- Hospital desprovido de tecnologias da informação e comunicação que otimizem os processos da área de Gestão de Pessoas e facilitem a integração e comunicação entre setores.
- Desconhecimento de várias áreas do hospital sobre o modelo de gestão por competências adotadas na área de Gestão de Pessoas e profissionais pouco motivados, por não conhecerem as possibilidades de desenvolvimento profissional e de carreira propiciadas pelo modelo de gestão por competências.
- Enfraquecimento da imagem do hospital frente à competitividade no mercado de saúde que adota modelos de gestão de pessoas por competências.
- Perda de profissionais competentes para outros hospitais que oportunizam remuneração justa, competitiva, baseada em competências.
- Enfraquecimento da imagem interna da área de gestão de pessoas e dos profissionais responsáveis pela implantação do novo modelo de gestão.

3 Descrição das etapas da metodologia ativa para o desenvolvimento de competências de trabalho inter e multiprofissional
Objetivo geral Simular reunião entre profissionais da área de Gestão de Pessoas, Marketing, TI e Finanças para análise da viabilidade da implantação do modelo de gestão de pessoas por competências em que o psicólogo apresenta as vantagens associadas a esse modelo. **Participantes da atividade** O psicólogo/professor responsável pela supervisão de estágio, estagiários em Psicologia Organizacional e do Trabalho e, se possível, profissionais que atuam na área de RH. **Atividades da simulação** Antes da simulação da reunião multiprofissional, os estudantes deverão preparar-se para a discussão, pesquisando e debatendo com o Supervisor de Estágio sobre o conceito de competências, sobre a importância e aplicabilidade de um modelo de gestão de pessoas por competências em organizações de trabalho. Além disso, os estudantes poderão realizar atividades de simulação de diálogos interprofissionais com pessoas das áreas envolvidas no projeto de implantação do referido modelo, como descrito a seguir. **Etapa 1:** Simulação da reunião com o profissional da área de TI. **Etapa 2:** Simulação de reunião com profissional de Marketing. **Etapa 3:** Simulação de reunião com o Gerente Financeiro da Organização. **Etapa 4:** Preparação dos materiais e das estratégias de comunicação que serão utilizados na reunião com todos os profissionais envolvidos no estudo de caso. **Etapa 5:** Dramatização da reunião com todos os estagiários simulando os papéis dos profissionais envolvidos no estudo de caso.
Etapa 1: Dramatização de um diálogo entre o psicólogo da área de Gestão de Pessoas e o profissional de TI sobre o desenvolvimento de sistemas compatíveis com o modelo de competências. **Antes da simulação da conversa,** o estudante poderá: 1- Pesquisar e discutir com o supervisor de estágio, e demais estagiários, sobre os aplicativos e sistemas de tecnologias da informação adotados em organizações e aplicáveis aos processos de gestão de pessoas. 2- Realizar visita técnica em organizações que utilizam essas tecnologias ou conversar com profissionais da área sobre esse assunto. 3- Munidos dessas informações, os estagiários poderão realizar, sob supervisão do professor supervisor, a dramatização de um diálogo com um profissional de TI, em que precisa explicar as demandas da área de Gestão de Pessoas e negociar prazos de entrega que atendam às necessidades de ambas as áreas e às metas estipuladas pelo hospital. **Durante a simulação,** o supervisor de estágio poderá: 1- Discutir com os estagiários as habilidades sociais básicas (**Tabela 1**) e as competências de trabalho colaborativo que o psicólogo precisa desenvolver para conduzir conversas interprofissionais (**Tabela 2**), considerando as barreiras ao trabalho colaborativo mencionadas no **Tópico 5** e na **Figura 4** deste capítulo.

3 Descrição das etapas da metodologia ativa para o desenvolvimento de competências de trabalho inter e multiprofissional
Etapa 2: Dramatização de um diálogo com um profissional da área de Marketing para análise e escolha da melhor estratégia de divulgação do modelo de Gestão por Competências no hospital, bem como negociar a elaboração de um cronograma de atividades de divulgação. **Antes da simulação do diálogo,** o estudante poderá: 1- Pesquisar e discutir com o supervisor de estágio, e demais estagiários, sobre algumas estratégias de marketing e mídias digitais mais aplicáveis aos diferentes públicos/trabalhadores (operacionais e estratégicos). 2- Realizar visita técnica em organizações ou conversar com profissionais dessa área para conhecer estratégias eficazes de comunicação de mudanças organizacionais. 3- Munidos dessas informações, os estagiários poderão realizar, sob supervisão do professor, a dramatização de um diálogo com um profissional de Marketing, em que precisa explicar o modelo de Gestão por Competências, analisar e discutir a melhor estratégia de divulgação desse modelo para todos os tipos de trabalhadores do hospital. **Durante a simulação,** o supervisor poderá: 1- Discutir com os estagiários as habilidades sociais básicas (**Tabela 1**) e as competências de trabalho colaborativo que o psicólogo precisa desenvolver para conduzir conversas interprofissionais (**Tabela 2**), considerando as barreiras ao trabalho colaborativo mencionadas no **Tópico 5** e na **Figura 4** deste capítulo.
Etapa 3: Simulação de um diálogo com o Gerente Financeiro no qual o estagiário, no papel de psicólogo, apresenta os benefícios da Gestão de Pessoas por Competências e seus impactos sobre a produtividade, motivação e comprometimento dos profissionais com o hospital, e discute as objeções feitas pelo profissional quanto à elevação dos custos na folha de pagamento. **Antes da simulação do diálogo**, os estagiários poderão: 1- Pesquisar impactos do modelo de gestão por competências sobre a rotatividade da mão de obra e sobre a folha de pagamento em organizações similares. 2- Buscar informações na literatura científica e profissional da área e/ou por meio de diálogo com profissionais da área de Gestão de Pessoas de outros hospitais. 3- Munidos dessas informações, dramatizar, sob a supervisão do professor, um diálogo com um profissional da área financeira, no qual o estagiário, no papel de psicólogo, explica as vantagens associadas à adoção do modelo de gestão por competências para os trabalhadores e para a organização. **Durante a simulação**, o supervisor poderá: 1- Discutir com os estagiários as habilidades sociais básicas (**Tabela 1**) e as competências de trabalho colaborativo que o psicólogo precisa desenvolver para conduzir conversas interprofissionais (**Tabela 2**), considerando as barreiras ao trabalho colaborativo mencionadas no **Tópico 5** e na **Figura 4** deste capítulo.

3 Descrição das etapas da metodologia ativa para o desenvolvimento de competências de trabalho inter e multiprofissional

Etapa 4: Organização das informações e materiais coletados nas etapas anteriores e proposição de estratégias de comunicação a serem utilizadas na simulação de uma reunião de trabalho com a participação de todos os profissionais envolvidos neste estudo de caso.

Descrição da simulação: O estagiário representa o papel do psicólogo em uma reunião de trabalho com três profissionais (TI, Marketing e Finanças), representados por outros estagiários, na qual explica o modelo de gestão, e negocia a elaboração de um cronograma conjunto de atividades de implantação desse modelo no hospital.

Materiais de apoio à atividade

Os materiais e a descrição dos papéis de cada participante na reunião simulada devem ser construídos previamente pelos estudantes a partir de informações extraídas da realidade.

– *Slides* de apoio à exposição oral (ex.: *Power Point*) com explicações sobre o modelo de Gestão de Pessoas por Competências, indicando as vantagens e os riscos da sua aplicação.

– Lista de responsabilidades e contribuições de cada área (TI, Marketing, Finanças e RH) para o sucesso da implantação do modelo na organização.

– Lista de observação de habilidades sociais e de trabalho em equipe, baseada nas **Tabelas 1** e **2** e na **Figura 4**.

Etapa 5: Construção do cenário da reunião na qual os estudantes irão simular o papel do psicólogo e dos profissionais das áreas de TI, Marketing e Financeiro.

Cenário: organizar uma sala para a reunião com equipamentos para projeção dos *slides* de apoio à exposição oral, lugares para todos os participantes e um espaço para o supervisor e demais estagiários observarem a simulação com o apoio de listas de responsabilidades de cada área no projeto de implantação do modelo de gestão no hospital, lista esta de verificação para a observação do desempenho dos estagiários e de suas interações. Os observadores deverão registrar as habilidades demonstradas pelos profissionais de TI, Marketing, Finanças e RH – psicólogos, representados pelos estagiários –, bem como anotar lacunas e falhas observadas durante a simulação. Ao final, é feita uma discussão baseada nas competências e habilidades de um trabalho colaborativo.

Durante a simulação,

1- O estagiário que desempenha o papel de psicólogo explicará aos demais a importância e as vantagens da implantação do modelo de gestão de pessoas por competências, especificando seus benefícios para cada área da organização.

2- Os profissionais das três áreas, TI, Marketing e Finanças, representados por estagiários, terão espaço para esclarecer suas dúvidas sobre o modelo e reforçar o papel de cada área, além de discutir o assunto após a exposição oral.

3- Para finalizar a dramatização da reunião, os "profissionais" envolvidos deverão elaborar um plano de trabalho colaborativo para a implantação do modelo de Gestão de Pessoas por Competência na organização, descrevendo o papel de cada área no projeto e os desafios a serem enfrentados durante o processo.

Após a simulação, os participantes (supervisor e estagiários) deverão:

1- Discutir os aspectos positivos da simulação da reunião, as dificuldades de comunicação decorrentes de estereótipos e das culturas profissionais, o apego a linguagens técnicas específicas de cada área, o uso inconsistente ou inapropriado de conceitos distintos para definir as mesmas situações de trabalho, a falta de preparo de profissionais para as conversas e interações baseadas em conhecimentos e tecnologias oriundos de disciplinas distintas, a falta de conhecimento sobre os papéis de cada profissional integrante de equipes, e disputa por espaços no mercado de trabalho. (**Tabelas 1** e **2**; **Figura 4**)

2 - Discutir estratégias de enfrentamento e superação das barreiras ao trabalho colaborativo.

4 Conhecimentos Específicos de Apoio

Conhecimentos técnicos específicos relacionados ao contexto

A boa comunicação com profissionais de outras áreas depende, em parte, do quanto cada um conhece os papéis, as áreas de atuação e o campo de conhecimentos do assunto. Por isso, o estagiário poderia, antes de participar da reunião simulada, buscar e analisar brevemente os seguintes tópicos:

- A articulação entre os subsistemas de Gestão de Pessoas por Competências (Recrutamento e Seleção, Treinamento, Desenvolvimento e Educação, Avaliação de Desempenho e Remuneração Estratégica).
- A legislação trabalhista nos aspectos relativos a cargos e salários.

Conhecimentos técnicos específicos relacionados ao contexto

- Noções básicas sobre sistemas de tecnologia de informação e aplicativos que viabilizem o controle de informações pessoais e profissionais dos trabalhadores, forneçam relatórios gerenciais, gerem instrumentos de avaliação de desempenho, cadastrem currículos e treinamentos realizados pelo trabalhador e permitam o acompanhamento de indicadores setoriais de resultados.
- Noções sobre estratégias de comunicação e marketing utilizando conhecimentos da Psicologia.
- As atribuições dos cargos, estrutura organizacional, regimes de trabalho e carga horária dos diferentes cargos no hospital.

5 Competências e habilidades sociais trabalhadas por meio dos casos e simulações

- Habilidades de trabalho em equipe, definição de papéis dos profissionais, foco no beneficiário e postura ética (Ver **Tabela 2**).
- Habilidades sociais básicas: comunicação, civilidade, assertivas de enfrentamento, sociais empáticas.
- Respeitar as diferenças individuais dos integrantes da equipe.
- Dispor-se a desfazer mal-entendidos relacionados ao uso de linguagem técnica ou valores profissionais.
- Respeitar o potencial de cada membro da equipe e expressar sentimentos positivos (Ver **Tabela 1**).
- Compreender os desafios e as barreiras que afetam o trabalho colaborativo em equipes inter e multiprofissionais (Ver **Figura 4**).
- Estratégias de enfrentamento de barreiras e desafios associados às interações em equipes de trabalho.

6 Síntese das estratégias metodológicas adotadas nos estudos de caso e simulações
• Análise dos casos baseados em situações reais, discussões em grupo, dramatizações, simulações realísticas, estímulo à realização de visitas técnicas a organizações e consulta a profissionais que estão realizando trabalhos similares (nesse caso, implantando modelos de gestão de pessoas por competências). • Elaboração de um *checklist* de avaliação das competências e habilidades desenvolvidas durante a atividade para discussão de estratégias de enfrentamento de situações similares no cenário de prática do estágio. • *Debriefing* e discussão após finalização do caso e das dramatizações e simulações. • Indicação de leituras adicionais relativas aos temas específicos envolvidos. • Busca de informações sobre organizações que adotem modelos de gestão de pessoas por competências. • Convite a um psicólogo que trabalha em assuntos da área de Gestão de Pessoas para compartilhar experiências com o grupo de estagiários sobre o processo de implantação desse tipo de modelo de gestão, para discutir estratégias de enfrentamento das barreiras e os desafios enfrentados por profissionais de Psicologia para atuação em equipes multiprofissionais. • Convite a profissionais de outras áreas para participar das discussões sobre o trabalho colaborativo em equipes multiprofissionais.

O caso descreve situações típicas da vivência de um profissional da área de Gestão de Pessoas. Durante a realização das atividades previstas nas etapas de diálogo interprofissional e de simulação da reunião multiprofissional, descritas na **Tabela 3**, ficarão nítidas ao educando as habilidades e as competências sociais necessárias ao psicólogo para atuação junto a profissionais de outras áreas da organização, cuja formação profissional costuma ser bastante variada.

O caso descrito na **Tabela 3** mostra que a solução colaborativa de problemas no trabalho depende de outras competências essenciais ao sucesso da atuação do psicólogo no trabalho. Por isso, durante o estágio, é preciso que o estudante compreenda as estreitas ligações entre as competências de análise do contexto e do campo de atuação, a intervenção e investigação científica, além das competências de atuação inter e multiprofissional.

O trabalho colaborativo em equipes requer do psicólogo a aquisição de conhecimentos técnicos e científicos oriundos da ciência psicológica que o capacita a analisar contextos e campos de atuação e a intervir com sucesso na solução de problemas no mundo do trabalho. Porém, é necessário que o psicólogo busque informações sobre a produção de conhecimentos e campos de atuação de áreas e disciplinas de interface. Na **Tabela 3**, sugere-se que o psicólogo/estagiário se prepare para a reunião de trabalho, buscando compreender, previamente, os papéis e as potenciais contribuições de cada integrante da equipe ao projeto.

Recomenda-se ao supervisor de estágio e ao educando que escolham metodologias ativas que mais se adaptem às situações-problema e aproveitem o exemplo descrito na **Tabela 3**, para transformar exemplos e problemas reais, trazidos pelos estagiários em casos estruturados para estimular a reflexão e a experiência prática. O foco principal dos processos educativos sugeridos na **Tabela 3** é o desenvolvimento planejado intencionalmente por supervisores e educandos para otimizar a aprendizagem de habilidades sociais de trabalho colaborativo em equipes inter e multiprofissionais. A experimentação de interações com profissionais em cenários simulados e reais, quando incluída no plano de estágio, possibilitará ao educando a aquisição de competências de trabalho colaborativo, as quais o tornarão mais preparado para a atuação profissional em diferentes cenários de prática.

As chances de que essas habilidades sociais sejam retidas e aplicadas pelo educando no trabalho aumentarão muito se o estágio e o curso de graduação forem capazes de diversificar bastante os contextos de ensino e de prática. Por esse motivo, sugere-se que a supervisão de estágio ocorra em grupos para que o educando entre em contato com problemas oriundos de diferentes organizações e contextos de atuação inter e multiprofissional. Esse tipo de variação de contextos e problemas resultará em maior retenção, generalização e transferência do que for adquirido.

As estratégias discutidas neste capítulo não substituem o contato direto do estagiário com o cenário real de prática, pois são preparatórias suplementares ou de apoio à realização de estágios em organizações. As metodologias ativas de aproximação do ensino à realidade (simulações, solução de problemas, entre outras) podem ser adotadas pelo supervisor de estágio para otimizar os resultados de aprendizagem e preparar o educando para enfrentar os desafios diários que surgem nas organizações de trabalho.

Faz-se necessária também uma aproximação entre supervisor-docente (acadêmico) e o supervisor-psicólogo (local) que atua na organização, de modo que a programação de estágio contenha atividades educativas relevantes e capazes de desenvolver intencionalmente as competências sociais e de trabalho em equipes reais.

REFERÊNCIAS

Abbad, G. S., & Mourão, L. (2010). Competências profissionais e estratégias de qualificação e requalificação. In A. V. B. Bastos, & S. M. G. Gondim (Eds.). *O trabalho do psicólogo no Brasil* (pp. 380-401). Porto Alegre: Artmed.

Abbad, G. S., & Mourão, L. (2012). Avaliação de necessidades de TD&E: proposição de um novo modelo. *Revista Administração Mackenzie - RAM*, 13(6), 107-137.

Abbad, G. S., Parreira, C. M. S. F., Pinho, D. M., Queiroz, E., Torres, A. A. L., Furlanetto, D. L. C., Jorge, A. A. F., & Silva, M. N. R. M. O. (2016). Formação e processos educativos em saúde. In G. S. Abbad, C. M. S. Ferreira, & E. Queiroz (Orgs.). *Ensino da Saúde no Brasil: Desafios para a Formação Profissional e Qualificação para o Trabalho* (pp. 27-48). Curitiba: Juruá Editora.

Abreu, A. G., Freitas, J. S., Berte, M., Ogradowski, K. R. P., & Nestor, A. (2014). O uso da simulação realística como metodologia de ensino e aprendizagem para as equipes de enfermagem de um hospital infanto-juvenil: relato de experiência. *Revista Ciência & Saúde*, 7(3), 162-166.

Aguinis, H., & Kraiger, K. (2009). Benefits of training and development for individuals and teams, organizations, and society. *Annual Review of Psychology*, 60, 451-474.

Álvarez-Álvarez, C. (2015). Teoría frente a práctica educativa : algunos problemas y propuestas de solución. *Perfiles Educativos*, 23, 337-346. Recuperado de http://doi.org/10.1016/j.pe.2015.11.014

Baker, L., Egan-Lee, E., Martimianakis, M. A., & Reeves, S. (2011). Relationships of power: implications for interprofessional education. *Journal of Interprofessional Care*, 25(2), 98-104.

Bandeira, M., Costa Neves, M., Prette Pereira, Z. A. D., Prette, A. D., & Carneiro Gerk, E. (2000). Qualidades psicométricas do Inventário de Habilidades Sociais (IHS): estudo sobre a estabilidade temporal e a validade concomitante. *Estudos de psicologia*, 5(2), 401-419.

Bandeira, M., Guaglia, M. A. C., Freitas, L. C., Sousa, A. M., Costa, A. L. P., Gomides, M. M. P., & Lima, P. B. (2006). Habilidades interpessoais na atuação do psicólogo. *Interação em Psicologia*, 10(1), 139-149.

Barreto, D. G., Silva, K. G. N., Moreira, S. S. C. R., Silva, T. S., & Magro, M. C. S. (2014). Simulação realística como estratégia de ensino para o curso de graduação em enfermagem: revisão integrativa. *Revista Baiana de Enfermagem*, 28 (2), 208-214.

Berbel, N. A. N. (2012). As metodologias ativas e a promoção da autonomia de estudantes. *Semina: Ciências Sociais e Humanas*, 32(1), 25-40. Recuperado de: http://www.uel.br/revistas/uel/index.php/seminasoc/article

Brandt, B., Lutfiyya, M. N., King,J. A., & Chioreso, C. (2014). A scoping review of interprofessional collaborative practice and education using the lens of the Triple Aim. *Interprof Care*, 28(5), 393-399.

D'Amour, D., & Oandasan, I. (2005). Inteprofessionality as the field of interprofessional education: An emerging concept. *Journal of Interprofessional Care*, 1, 8-20.

Del Prette, Z. A., & Del Prette, A. (2001). *Inventário de Habilidades Sociais (HIS-Del Prette): Manual de Aplicação, apuração e interpretação.* São Paulo: Casa do Psicólogo.

Del Prette, Z. A., & Del Prette, A. (2003). No contexto da travessia para o ambiente de trabalho: Treinamento de Habilidades sociais com universitários. *Estudos de Psicologia*, 8, 413-420.

Del Prette, A., & Del Prette, Z. A. P. (2017). Competência Social e Habilidades Sociais. *Manual Teórico-Prático*. Rio de Janeiro: Editora Vozes.

Fewster-Thuente, L. L. (2014). A contemporary method to teach collaboration to students. *Journal of Nursing Education*, 53(11), 641-645.

Frenk, J., Chen, L., Bhutta, Z.A., Cohen, J., Crisp, N., Evans, T., ... & Zurayk, H. (2010). Health professionals for a new century: transforming education to strengthen health systems in an interdependent world. *Lancet*, 376(4), 1923-1958.

Hall, P. (2005). Interprofessional teamwork: Professional cultures as barriers. *Journal of Interprofessional Care*, 1, 188-196.

Harder, N., Ross, C. J. M., Paul, P. (2013). Student Perspective of Roles Assignment in High-Fidelity Simulation: An Ethnographic Study. *Clinical Simulation In Nursing*, 9(9), 329-334.

Havyer, R. D., Wingo, M. T., Comfere, N. I., Nelson, D. R., Halvorsen, A. J., McDonald, F. S., & Reed, D. A. (2013). Teamwork assessment in internal medicine: a systematic review of validity evidence and outcomes. *J Gen Intern Med.*, 29(6), 894-910. doi: 10.1007/s11606-013-2686-8.

Hmelo-Silver, C. E. (2004). Problem-Based Learning: What and How Do Students Learn?. *Educational Psychology Review, 6*(3), 235–266.

Kapp, K. M. (2012). *The gamification of learning and instruction: Game-based methods and strategies for training and education*. San Francisco, CA: Pfeiffer.

Lapkin, S., Levett-Jones, T., Bellchambers, H., & Fernandez, R. (2010). Effectiveness of Patient Simulation Manikins in Teaching Clinical Reasoning Skills to Undergraduate Nursing Students: A Systematic Review. *Clinical Simulation In Nursing*, 6(6), 207-222.

Leme, V. B. R., Del Prette, Z. A. P., Koller, S. H., & Del Prette, A. (2016). Habilidades sociais e o modelo bioecológico do desenvolvimento humano: Análise e perspectivas. *Psicologia & Sociedade (Online)*, 28(1), 181-193.

Lima, C. A., & Soares, A. B. (2015). Treinamento em Habilidades Sociais para universitários no contexto acadêmico: ganhos e potencialidades em situações consideradas difíceis. In Z. A. P. Del Prette, A. B. Soares, C. S. Pereira-Guizo, M. F. Wagner, & V. B. R. Leme (Orgs.). *Habilidades Sociais: Diálogos e Intercâmbios sobre Pesquisa e Prática* (pp. 22-43). Novo Hamburgo: Sinopsys Editora.

Magalhães, P. P., & Murta, S. G. (2003). Treinamento de habilidades sociais em estudantes de psicologia: um estudo pré-experimental. *Temas em Psicologia*, 11(1), 28-37.

Malvezzi, S., Janissek, J. A., & Zanelli, J. C. (2010). Inserção no mercado de trabalho: Os psicólogos recém-formados. In A. V. B. Bastos, & S. M. G. Gondim (Eds.). *O trabalho do Psicólogo no Brasil*. Porto Alegre: Artmed.

Martins, M. C. F., & Puente-Palacios, K. (2010). O psicólogo e sua inserção em equipes de trabalho. In A. V. B. Bastos, & S. M. G. Gondim (Eds.). *O trabalho do psicólogo no Brasil* (pp. 201-222). Porto Alegre: Artmed.

Mourão, L., & Abbad, G. S. (2016). As lacunas de competências na formação em psicologia e os riscos para a atuação profissional. In A. B. Soares, L. Mourão, & M. M. P. E. Mota (Orgs.). *O Estudante Universitário Brasileiro: Características Cognitivas, Habilidades Relacionais e Transição para o Mercado*, (Vol. 1, pp. 329-346). Rio de Janeiro: Editora Appris Ltda.

Murta, (2005). Aplicações do treinamento em habilidades sociais: análise da produção nacional. *Psicologia: Reflexão e Crítica*, 18(2), 283-291.

NMC Horizon Report. (2015). *Horizon Report – 2015 Higher Education Edition*. Recuperado de http://cdn.nmc.org/media/2015-nmc-horizon-report-HE-EN.pdf

NMC Horizon Report. (2016). *Horizon Report – 2016 Higher Education Edition*. Recuperado de http://cdn.nmc.org/media/2016-nmc-horizon-report-he-EN.pdf

NMC Horizon Report. (2017). *Horizon Report – 2017 Higher Education Edition*. Recuperado de http://cdn.nmc.org/media/2017-nmc-horizon-report-he-EN.pdf

Orchard, C., Bainbridge, L., Bassendowski, S., Stevenson, K., Wagner, S. J., Weinberg, L., ... & Sawatsky-Girling, B. (2010). *A National Interprofessional Competency Framework*. Canadá: Canadian Interprofessional Health Collaborative (CIHC).

Paige, J., T., Garbee, D. D., Kozmenko, V., Yu, Q., Kozmenko, L., Yang, T., ... Swartz, W. (2014). Getting a head start: high-fidelity, simulation-based operating room team training of interprofessional students. *Journal of the American College of Surgeons*, 218(1), 140-149.

Paradis, E., & Whitehead, C.R. (2015). Louder than words: power and conflict in interprofessional education articles, 1954-2013. *Med Educ.*, 49(4), 399-407.

Peixoto, L.S.A., & Gondim, S.M.G. (2015). Saliência da identidade profissional ou de equipe: estudo qualitativo com equipes multidisciplinares. *Revista Brasileira de Psicologia*, Salvador, 1(19, 57-74. Recuperado de http://www.revpsi.org

Preeti, B., Ashish, A., & Shriram, G. (2013). Problem Based Learning (PBL) – An Effective Approach to Improve Learning Outcomes in Medical Teaching. *Journal of Clinical and Diagnostic Research : JCDR*, 7(12), 2896–2897. Retrieved from http://doi.org/10.7860/JCDR/2013/7339.3787

Reeves, S., Perrier, L., Goldman, J., Freeth, D., & Zwarenstein, M. (2013). Interprofessional education: Effects on professional practice and healthcare outcomes (update) (Review). *The Cochrane Collaboration*. Issue 3. John Wiley & Sons, Ltda.

Rubio, J. M. L., León-Pérez, J. M., & Araújo, E. A. S. (2015). Habilidades sociais para a gestão participativa de sucesso. In Z. A. P. Del Prette, A. B. Soares, C. S. Pereira-Guizo, M. F. Wagner, & V. B. R. Leme (Orgs.). *Habilidades Sociais: Diálogos e Intercâmbios sobre Pesquisa e Prática* (pp. 390-414). Novo Hamburgo: Sinopsys Editora.

Thistlethwaite J., & Moran M. (2010). World Health Organization Study Group on Interprofessional Education and Collaborative Practice. Learning outcomes for interprofessional education (IPE): Literature review and synthesis. *Journal of Interprofessional Care,* 24(5), 503-513. doi: 10.3109/13561820.2010.483366.

Wood, D. F. (2003). ABC of learning and teaching in medicine: Problem based learning. *BMJ,* 326(7384), 328-330.

PARTE II

PRÁTICA DE SUPERVISÃO ORIENTADA

4

ELABORANDO PROJETOS DE ESTÁGIO

Maria Nivalda de Carvalho-Freitas
Universidade Federal de São João Del Rei

Jairo Eduardo Borges-Andrade
Universidade de Brasília

O planejamento prévio das atividades do estágio é um instrumento importante para posterior avaliação da efetividade de tais experiências. O conhecimento do projeto de estágio, sua probabilidade de implementação e a avaliação de seu progresso são considerados fatores explicativos importantes na satisfação dos estudantes (Narayanan, Olk, & Fukami, 2010).

Muito foi escrito sobre o processo de planejamento de estágio, contudo não no contexto de organizações e trabalho (O&T). O objetivo do presente capítulo é oferecer referência teórica e elementos práticos que auxiliem na elaboração de projetos e planos de estágio em Psicologia Organizacional e do Trabalho (POT).

O planejamento do estágio antecede sua realização propriamente dita. Ele precisa conter os elementos norteadores do trabalho, os quais deverão orientar: (i) os estudantes em suas atividades; (ii) a instituição de ensino superior (IES) e a instituição parceira no alinhamento das expectativas em relação ao trabalho a ser desenvolvido; e (iii) o supervisor no estabelecimento dos limites de ação dos estagiários envolvidos. Ele deve, ainda, servir como um documento de referência para o acompanhamento, para a avaliação e para o relatório das atividades realizadas nesse estágio.

Embora seja reconhecido que o planejamento (prescrição e intenção da ação) não descreve a experiência e as possibilidades reais de ação do estágio, é necessário garantir a existência de um enquadre. Este é oferecido pelo planejamento, o qual, entre outros aspectos, contempla os métodos e as estratégias educacionais que organizam, normatizam e possibilitam essa experiência. O estágio *per se* será entendido na perspectiva experiencial de aprendizagem, conforme proposta do presente Manual (ver **Capítulo 1**).

No entanto, o planejamento desse processo de aprendizagem contém invariantes que precisam ser contempladas para, inclusive, assegurar que a experiência de aprendizagem ocorra. Essas invariantes (componentes do sistema que independe do foco e do contexto de estágio) serão aqui abordadas a partir do Modelo de Avaliação Integrado e Somativo (MAIS) (Borges-Andrade, 1982, 2006). Ele será utilizado como um modelo heurístico ou como um guia prático para a elaboração do planejamento dos estágios.

O MAIS foi elaborado a partir dos sucessivos objetivos de avaliar sistemas instrucionais (Borges-Andrade, 1982); de avaliar ações de Treinamento, Desenvolvimento e Educação – TD&E (Borges-Andrade, 2006) e de desenvolver planos de gestão de ações de TD&E (Borges-Andrade, Zerbini, Abbad, & Mourão, 2013). O referido modelo não se aplica apenas no contexto corporativo, mas também em contextos universitários e de ambientes de trabalho aberto. Além disso, o modelo assume um caráter não somente somativo (avaliação ao final do processo), mas também formativo (avaliação durante o processo).

Em todos esses casos, ele foi proposto como um modelo de cinco componentes, sendo que um deles tem quatro subcomponentes. Entendemos que utilizar os componentes de um sistema de avaliação também na elaboração do planejamento de estágio garante que os elementos relevantes em processos de aprendizagem sejam considerados antes que eles necessitem ser avaliados, por exemplo, questões contextuais como a garantia de uma adequada identificação de necessidades, a definição de suporte, informações necessárias e possíveis contribuições (efeitos), questões de definição sobre o perfil inicial de quem fará os estágios e o que será feito neles, e clareza na definição de resultados.

Assim, nesse capítulo, serão descritos os cinco componentes da proposta do MAIS, visando à elaboração e à gestão de projetos de estágio, quais sejam: ambiente, resultados, procedimentos, processos e insumos. Em seguida, serão apresentados alguns cuidados necessários para a elaboração dos planos e dois exemplos de planejamento de estágio. O processo de avaliação de estágios pode ser visto com mais detalhes no **Capítulo 5** deste Manual.

Na elaboração e consequente gestão de projetos de estágio no curso, é preciso considerar cinco componentes, sendo um externo e quatro internos, sob a perspectiva da pessoa que faz a supervisão acadêmica.

O primeiro deles é **externo**: o ambiente organizacional ou posto de trabalho em que ocorrerá o estágio. São subcomponentes que devem ser considerados neste ambiente:

a. as necessidades de quem fará o estágio;
b. a disseminação das informações sobre este estágio;
c. o suporte que ele oferece;
d. os seus efeitos em longo prazo.

Por efeitos em longo prazo, são compreendidos os desempenhos profissionais apresentados pelos egressos do estágio em seus ambientes de trabalho, ou seja, referem-se à aplicação bem-sucedida, nestes ambientes, das competências desenvolvidas durante o estágio.

Para que isso ocorra, é preciso levar em conta outro subcomponente: as necessidades, que nada mais são do que as competências que os estudantes ainda não adquiriram durante o curso, mas que precisam adquirir no estágio, de modo que sua formação possa contribuir para aquele desempenho profissional esperado no longo prazo. Portanto, o projeto precisa iniciar por uma reflexão sobre o que é esperado (efeitos em longo prazo) e sobre as competências que outros componentes curriculares não oferecem e precisam ser desenvolvidas no estágio (necessidades), a fim de que aqueles efeitos possam ocorrer.

Os outros dois subcomponentes, suporte e disseminação, são elementos fundamentais do ambiente organizacional onde o estágio ocorrerá e estão diretamente sob o controle de quem faz a supervisão de campo. A disseminação está relacionada a como e ao que foi divulgado sobre o estágio. Essas informações, fornecidas em editais de recrutamento ou durante o processo seletivo, podem criar expectativas que facilitarão ou dificultarão o desenvolvimento das competências no local do estágio. O suporte concerne ao apoio dado pela organização para que esse desenvolvimento ocorra, incluindo, principalmente, leituras, instruções, orientação e retroalimentação. Mas pode também ser concernente à existência de equipamentos e de materiais adequados e ao ambiente físico apropriado para promover tal aquisição das competências. Esses dois subcomponentes não estão diretamente sob o controle de quem faz a supervisão acadêmica. Contudo, isto não significa que o supervisor não possa interferir na disseminação ou divulgação da oportunidade de estágio (objetivos, condições de estágio, plano de estágio, supervisão, avaliação e cronograma), especialmente para garantir transparência e um bom recrutamento de estudantes, ou para apresentar suporte, percebe-se que a ausência de apoio adequado poderá prejudicar o andamento do estágio.

Os outros quatro componentes do MAIS são internos, por quem faz a supervisão acadêmica. São os resultados, os procedimentos, os processos e os insumos. Os resultados, o segundo componente, são referentes às competências desenvolvidas no estágio e, como já foi anteriormente mencionado, estarão diretamente relacionadas ao desempenho bem-sucedido que poderá ocorrer como efeito de longo prazo. Essas competências podem estar relacionadas a um ou mais campos ou subcampos de POT como gestão de pessoas (recrutamento, seleção, TD&E, avaliação de desempenho), psicologia organizacional e do trabalho; as competências primárias, destacadas no **Capítulo 1**, a postura ética (**Capítulo 2**), as competências para o trabalho colaborativo em equipes inter e multiprofissionais (**Capítulo 3**) e as competências de análise do contexto em que se insere o estágio (**Capítulo 6**). Cabe a quem faz a supervisão acadêmica formulá-las a partir da reflexão sobre as necessidades. É preciso analisar quais competências e habilidades básicas, contidas nas diretrizes curriculares, foram adquiridas pelo candidato a estágio nas disciplinas e atividades realizadas durante o curso, e as motivações, os interesses e as estratégias de aprendizagem adotadas pelos estudantes. Também é sua atribuição avaliar o alcance dos resultados e planejar os demais três componentes (procedimentos, processos e insumos), para garantir que ocorra desenvolvimento das mencionadas competências. Nesse sentido, é relevante identificar se os resultados se referem à aprendizagem, ao comportamento (mudança de comportamento, aplicação e implementação) ou a efeitos na organização (impacto nos departamentos ou no negócio, retorno sobre o investimento), pois eles indicarão procedimentos de acompanhamento e avaliação distintos (Meneses, Zerbini, & Abbad, 2010).

A aquisição daquelas competências, relacionadas aos campos ou subcampos da POT (**Capítulo 1**), à postura ética (**Capítulo 2**), ao trabalho colaborativo (**Capítulo 3**) e à análise do contexto (**Capítulo 6**) depende do ambiente organizacional e do posto de trabalho, como já mencionado. Contudo, depende igualmente de atividades de supervisão acadêmica que incluam procedimentos diversificados, tais como reuniões e ocasiões para apresentação e discussão do que está sendo feito no estágio, indicação de procedimentos práticos a serem adotados, simulações, treinamento de habilidades sociais, dentre outras, conforme discutido no **Capítulo 3**. Este é o terceiro componente. Entretanto, a realização dessas atividades poderá promover processos de interação entre estudantes que estejam em distintos estágios, os quais eventualmente aprenderão uns com os outros, além de adquirirem competências naquele ambiente e posto de trabalho e com essas atividades. Este é o quarto componente (processos), frequentemente pouco utilizado nas supervisões acadêmicas, demasiadamente focadas no terceiro componente (procedimentos). Contudo, o sucesso do terceiro e quarto componentes, como promotores de aprendizagem, ainda depende do quinto componente, o qual inclui as características individuais das pessoas que estagiam (insumos). Essas características envolvem a existência prévia de competências, adquiridas nos componentes curriculares do curso, que forneçam os fundamentos teóricos e metodológicos das intervenções a serem feitas no estágio. Elas envolvem ainda a existência de motivação por parte de quem fará o estágio, para realizá-lo com foco na aquisição das competências que foram formuladas (resultados) com base nas necessidades identificadas a partir da reflexão sobre os efeitos de longo prazo esperados.

Esses cinco componentes, os quais devem ser levados em conta no planejamento e na gestão de estágios, estão ilustrados na **Figura 1**. Ela sugere uma visão sistêmica em que quatro componentes internos (insumos, procedimentos, processos e resultados) estão contidos em um ambiente (quinto componente). Ela sugere ainda uma relação linear entre esses quatro componentes internos, cujos resultados dependem de processos e procedimentos, que por sua vez dependem de insumos. Contudo, todos eles podem interagir com os subcomponentes do ambiente: insumos são condicionados por necessidades e dependem, juntamente com procedimentos e resultados, de suporte e disseminação. A combinação desses fatores de ambiente, juntamente com o que faz a pessoa que realiza a supervisão, poderá promover a aquisição de competências (resultados) e sua eventual futura utilização, quando o estudante já estiver na condição de profissional atuante no mercado de trabalho.

Figura 1. Modelo de Avaliação Integrado e Somativo (MAIS)

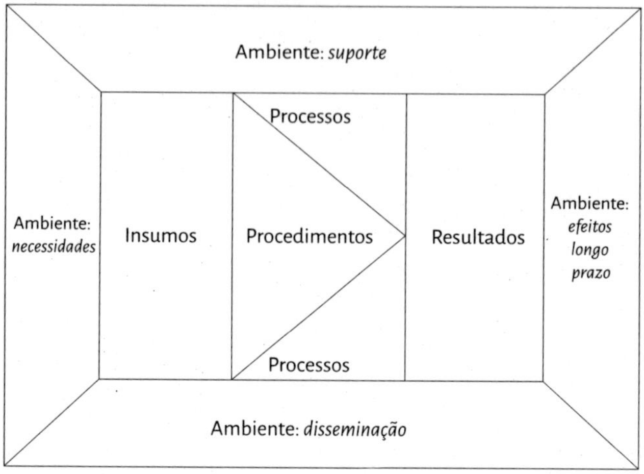

Fonte: Borges-Andrade (1982, 2006).

A seguir, algumas questões importantes que poderão ser feitas são apresentadas, tendo como referência o MAIS, para a elaboração do planejamento de estágios. Essas questões indicam cuidados necessários na elaboração do planejamento de estágio. O objetivo é demonstrar como o MAIS poderá funcionar como um esquema referencial e operativo para o planejamento de estágios, conforme Fluxograma referente às Fases do Processo de Elaboração de Projetos de Estágio (**Figura 2**).

Figura 2. Fluxograma das Fases do Processo de Elaboração de Projetos de Estágio

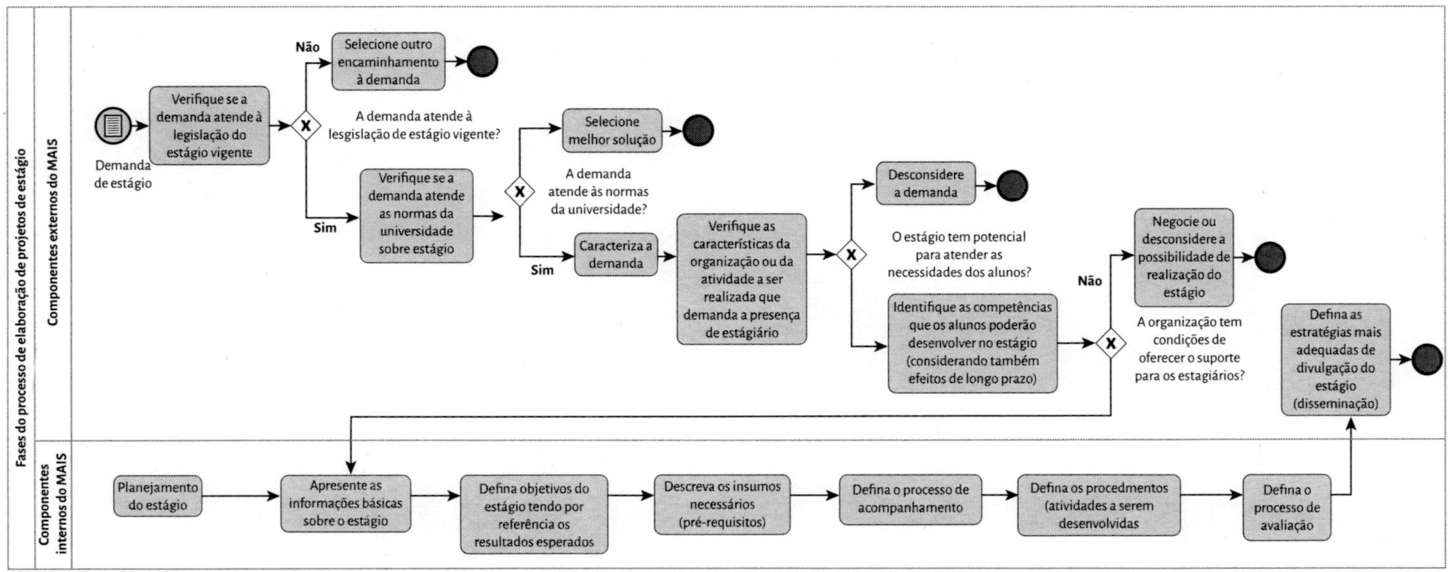

A seguir, serão descritas as fases do processo de elaboração de Projetos de Estágio apresentadas na **Figura 2**. Antes de entrarmos especificamente no planejamento, é importante situar a questão da demanda e dos procedimentos que garantem o reconhecimento da atividade de estágio.

Geralmente, as organizações fazem contato com as coordenações de curso das IESs ou com os setores/unidades de estágio, trazendo a demanda de estagiários. Algumas vezes, essa demanda chega diretamente ao professor da área de POT. É importante saber que as universidades possuem regulamentações internas que obedecem à legislação nacional sobre estágios, para estabelecimento de convênios e definição de critérios para a sua realização (ver **Capítulo 2**). Um primeiro passo, anterior à realização do planejamento do estágio, é conhecer a legislação de estágio e as normas internas da IES, no que diz respeito à regulamentação dessa atividade, para assegurar que ela seja chancelada institucionalmente.

Independentemente de qual seja o estágio, a demanda precisa estar previamente clara, a fim de que os demais procedimentos do planejamento possam ser realizados adequadamente. É importante que o supervisor acadêmico e o supervisor de campo (ou local) possam discutir as demandas da organização. Essa discussão permite o alinhamento das expectativas da organização e da formação dos estudantes e a elaboração da caracterização da demanda, no projeto ou plano de estágio. Uma vez caracterizada a demanda (características da organização, demanda em relação ao trabalho do estagiário), o supervisor acadêmico deverá responder aos *componentes externos* do MAIS, a saber:

a. O estágio tem potencial para atender às **necessidades** relativas à formação dos estudantes?

b. Quais competências os estudantes poderão desenvolver no estágio que contribuirão para seu futuro desempenho profissional (**efeitos de longo prazo**)?

c. A organização tem condições de oferecer o **suporte** (apoio em termos da formação, condições materiais, etc.) para os estagiários desenvolverem essas competências esperadas?

O passo seguinte é construir o Projeto ou Plano de Estágio propriamente dito. A resposta aos componentes internos do MAIS auxiliará na elaboração do Projeto de Estágio, ancorando-o nos critérios que serão adotados para sua avaliação posterior. Contribuirá, também, para favorecer a concretização do componente externo do MAIS referente à sua disseminação (última etapa do planejamento).

Tomando o MAIS como referência, as perguntas relativas aos componentes internos do modelo deverão ser respondidas em ordem inversa, uma vez que um modelo de avaliação está sendo utilizado para planejamento, conforme segue:

a. Quais **resultados** são esperados do estágio, isto é, quais competências deverão ser desenvolvidas? A resposta a esta questão contribuirá sobremaneira para a definição dos **objetivos do estágio**. Os objetivos deverão ser construídos tendo por referência as competências a serem desenvolvidas ao longo do estágio: competências relacionadas aos campos ou subcampos da POT (**Capítulo 1**), à postura ética (**Capítulo 2**), ao trabalho colaborativo (**Capítulo 3**) e à análise do contexto (**Capítulo 6**).

b. Quais **procedimentos** serão adotados para o acompanhamento do estágio, isto é, como a **supervisão acadêmica** será realizada, que estratégias de ensino e de acompanhamento serão adotadas para assegurar os resultados esperados? (vide **Capítulo 3**, o qual traz como um de seus objetivos discutir sobre as metodologias educacionais ativas, e o **Capítulo 5**, que apresenta estratégias de acompanhamento dos estágios).

c. Como o **processo** de estágio se operacionalizará, isto é, que principais **atividades** deverão ser desenvolvidas para assegurar o desenvolvimento das competências e quais comportamentos serão considerados relevantes na **avaliação** dos estagiários?

d. Que **insumos** são necessários para a realização do estágio, por exemplo: conhecimento prévio dos estudantes, motivação para o estágio, disponibilidade de tempo para sua realização, etc. (**pré-requisitos**)? (vide **Capítulo 5**).

As respostas a essas questões ajudarão na decisão da demanda se configurar em uma possibilidade real de estágio, a qual poderá contribuir para a formação dos estudantes, e em quais possíveis estratégias poderiam ser adotadas para sua disseminação. Além disso, elas fornecerão os subsídios necessários à sistematização do Projeto ou Plano do Estágio, que deverão seguir as seguintes etapas:

a. Informações básicas do estágio: identificação do estágio, área de ênfase do estágio, descrição sumária do campo de estágio, data de início e término do estágio, supervisor acadêmico e supervisor de campo (ou local), carga horária semanal de estágio, número de vagas, local de inscrição, procedimento de seleção dos estagiários (estratégias de seleção, data, horário e local).
b. Pré-requisitos necessários para o estagiário.
c. Objetivos: a definição clara dos objetivos instrucionais deve considerar a aquisição de competências, levando em conta o perfil a ser formado. Visa direcionar o processo de estágio para a escolha adequada de estratégias, métodos, conhecimentos necessários, instrumentos de avaliação para uma aprendizagem efetiva e duradoura (Abbad, Zerbini, Carvalho, & Meneses, 2006). Além disso, orienta a construção de resultados de aprendizagem que os estagiários precisam alcançar ao final do estágio (Ferraz & Belhot, 2010).
d. Atividades a serem desenvolvidas pelo estagiário.
e. Processo de acompanhamento.
f. Critérios de avaliação e cronograma de realização do estágio.

Observe, na **Tabela 1**, dois exemplos práticos (definição de objetivos, atividades a serem desenvolvidas, processo de acompanhamento e avaliação) que poderão ser desenvolvidos tanto fora quanto dentro da universidade: Projeto de Estágio em Recrutamento e Seleção e Projeto de Estágio Relativo à Gestão da Diversidade Funcional nas Organizações (inclusão de pessoas com deficiência no trabalho).

Tabela 1 - Exemplos práticos de definição de objetivos, atividades a serem desenvolvidas, processo de acompanhamento e avaliação

Estágio em Recrutamento e Seleção	Estágio Relativo à Gestão da Diversidade Funcional nas Organizações (Inclusão de Pessoas com Deficiência no trabalho)
Essa é uma demanda bastante comum de estágios oferecidos aos estudantes de Psicologia. Normalmente, a organização procura a IES em busca de estagiários que possam auxiliá-los nas atividades de Recrutamento e Seleção, seja em função de seu processo de fluxo contínuo de agregar pessoas na organização, seja em função de demandas específicas de expansão ou realinhamento de suas atividades, com demanda de contratação de novos empregados. A procura ainda pode ocorrer por parte de uma empresa que vende serviços de recrutamento e seleção para outras organizações.	Essa tem sido uma demanda nova das organizações, porém crescente em função da obrigatoriedade de empresas com mais de cem empregados contratarem pessoas com deficiência. Essa demanda precisa ser claramente discutida, pois ela pode atravessar todos os processos de gestão de pessoas na organização (recrutamento e seleção, treinamento e desenvolvimento, carreira, saúde e segurança no trabalho, benefícios, etc.). Além disso, trata-se de uma demanda para a qual, em muitos casos, o psicólogo da organização (supervisor de campo) também precisa da orientação do supervisor acadêmico.
Objetivo Geral	**Objetivo Geral**
Ao final do estágio, o estudante deverá ser capaz de realizar as diversas atividades envolvidas nos processos de Recrutamento e Seleção, articulando o conhecimento acadêmico aos saberes práticos.	Ao final do estágio, o estudante deverá ser capaz de diagnosticar, planejar, intervir e avaliar os resultados da implementação de ações de gestão da diversidade funcional na organização.
Objetivos Específicos	**Objetivos Específicos**
1. Elaborar ou verificar (caso já exista) a descrição e análise do cargo, visando identificar as exigências do perfil do ocupante da oportunidade de trabalho, pré-requisitos, contexto de trabalho, características do grupo de trabalho, etc. 2. Escolher, justificar as escolhas e utilizar técnicas adequadas à seleção de candidatos, pertinente com as informações da Análise e Descrição de Cargos. 3. Elaborar laudo de seleção de pessoal. 4. Realizar devolutiva aos candidatos, respeitando as questões éticas do exercício profissional. 5. Ser capaz de realizar trabalhos colaborativos com as áreas requisitantes. 6. Atender às exigências éticas do exercício profissional.	1. Identificar (diagnosticar) as condições de trabalho que possam favorecer ou dificultar a inclusão de pessoas com deficiência no trabalho (análise do contexto, rotinas de trabalho, posto de trabalho). 2. Determinar os objetivos das intervenções a serem efetuadas, tendo por referência o diagnóstico realizado. 3. Negociar a concretização desses objetivos com os gestores da organização, e construir parcerias para a realização das intervenções. 4. Planejar a avaliação dos trabalhos, considerando os indivíduos, os grupo, a organização ou o contexto relevante para a intervenção. 5. Desenhar estratégias, definir, selecionar e construir métodos e técnicas para a intervenção. 6. Avaliar o trabalho realizado e fornecer *feedback* para a organização, tendo como referência as mudanças produzidas.

Procedimentos **Atividades a serem desenvolvidas pelo estagiário, com o apoio do supervisor de campo**	**Procedimentos** **Atividades a serem desenvolvidas pelo estagiário, com o apoio do supervisor acadêmico**
1. Preparação para a realização das atividades de estágio (conhecimento da empresa, das rotinas de trabalho, normas e da Descrição e Análise do Cargo). 2. Recrutamento de candidatos (recrutamento interno e/ou externo, utilizando os meios disponíveis para a divulgação das oportunidades de trabalho). 3. Seleção de candidatos, adotando as estratégias mais adequadas para a identificação das potencialidades e competências do candidato para o desempenho requerido no cargo, e para a avaliação de possibilidade de adaptação aos valores da empresa (triagem, entrevista, dinâmica de grupo, aplicação de testes, confecção do laudo de seleção, encaminhamento para entrevista com órgão requisitante, devolutiva, etc.). 4. Participação em reuniões de trabalho e de grupos de estudo na organização. **Atividades a serem desenvolvidas pelo estagiário, com o apoio do supervisor acadêmico** 1. Participação em supervisões para acompanhamento das atividades, aprofundamento teórico, troca de experiência com estagiários de outras organizações, etc. 2. Confecção do relatório final de estágio.	1. Preparação para a realização das atividades de estágio, visando à construção de conhecimentos, habilidades e atitudes necessárias ao estágio. Essa preparação deverá incluir a participação dos estagiários, dos profissionais da área de gestão de pessoas e da equipe de saúde e segurança da empresa. 2. Acompanhamento das atividades de trabalho do setor de gestão de pessoas e visitas regulares dos estagiários aos diversos setores da empresa, visando conhecer a organização. 3. Participação dos estagiários na definição do plano de trabalho a ser desenvolvido, contemplando estratégias para: a) a definição das necessidades de ações de adequação das condições e das práticas de trabalho com o apoio da equipe de medicina e segurança no trabalho, e das próprias pessoas com deficiência já contratadas pela organização. b) identificação das políticas e valores da empresa, com o apoio dos psicólogos da organização. c) análise, junto aos psicólogos da organização, de possíveis necessidades de adaptação dos processos de recrutamento e seleção. d) definição de estratégias, junto aos psicólogos da organização, para a realização de treinamentos e/ou grupos de discussão com gestores e funcionários. 4. Acompanhamento e atuação na implementação do plano de trabalho definido. 5. Participação nas reuniões de supervisão da implementação do plano de trabalho. 6. Participação nas atividades de avaliação do trabalho realizado. 7. Confecção do relatório final de estágio.

Estratégias de Acompanhamento
O acompanhamento será realizado semanalmente (ou quinzenalmente) em reunião entre o supervisor e os estagiários (além dos profissionais da empresa, sempre que necessário). Os estagiários deverão apresentar as atividades que realizaram no período (o que fizeram; como fizeram; o contexto da realização da atividade, principalmente no que se refere à relação com a equipe de trabalho, e os cuidados éticos considerados). A partir do relato dos estagiários, o supervisor acadêmico definirá estratégias formativas para auxiliá-los durante o processo (orientações, leituras, discussão dos problemas com construção coletiva de possíveis soluções, simulações de atuação, etc.).

Critérios de Avaliação
A avaliação das competências desenvolvidas será realizada a partir da análise do alcance dos objetivos definidos para o estágio. Além disso, serão avaliadas a pontualidade, a frequência ao estágio e as supervisões, a qualidade do relatório/laudos realizados, a capacidade de trabalhar em equipe, a motivação para a aprendizagem, a capacidade de lidar com conflitos, a habilidade para lidar com frustrações, a capacidade de apresentar soluções para os problemas, a iniciativa (proatividade).

CONSIDERAÇÕES FINAIS

O planejamento do estágio, conforme apresentado nesse capítulo, pressupõe a necessidade de clareza quanto aos pressupostos que orientam a ação. Neste manual de estágio em POT, a concepção teórica subjacente é a da aprendizagem experiencial. Considera-se o conhecimento do contexto (legislações nacionais e normas institucionais), condição *sine qua non* para sua operacionalização. A suposição é que o planejamento e a avaliação são processos que concretamente se retroalimentam (ou deveriam se retroalimentar) continuamente. Por esse motivo, utiliza-se do MAIS como modelo para a elaboração do planejamento de estágio.

Por outro lado, consideramos que o estágio contribui para o desenvolvimento de competências (capacidade de mobilização de conhecimentos, habilidades e atitudes para levar a cabo uma determinada ação). Deste modo, seu planejamento precisa considerar a atuação conjunta dos atores envolvidos com papéis que precisam ser claramente definidos a partir de um processo de negociação, o qual se inicia quando a demanda de estágio chega à IES.

Finalizando, reiteramos que o projeto ou plano de estágio enseja a possibilidade de assegurar antecipadamente um enquadre para que o processo de aprendizagem possa ocorrer, possibilitar o desenvolvimento de competências pessoais e profissionais e contribuir para a contínua formação ético-moral do estudante, conforme discutido nos **Capítulos 1** e **2**.

REFERÊNCIAS

Abbad, G., Zerbini, T., Carvalho, R. S., & Meneses, P. P. M. (2006). Planejamento instrucional em TD&E. In J. E. Borges-Andrade, G. Abbad, L. Mourão, & colaboradores. *Treinamento, desenvolvimento e educação em organizações e trabalho: fundamentos para a gestão de pessoas* (pp. 289-321). Porto Alegre: Artmed.

Borges-Andrade, J. E. (1982). Avaliação somativa de sistemas instrucionais: Integração de três propostas. *Tecnologia Educacional,* 11(46), 29-39.

Borges-Andrade, J. E. (2006). Avaliação integrada e somativa em TD&E. In J. E. Borges-Andrade, G. Abbad, & L. Mourão (Orgs.). *Treinamento, desenvolvimento e educação em organizações e trabalho: Fundamentos para a gestão de pessoas* (pp. 343-358). Porto Alegre: Artmed.

Borges-Andrade, J. E., Zerbini, T., Abbad, G., & Mourão L. (2013), Treinamento, desenvolvimento e educação: um modelo para sua gestão. In L. O. Borges, & L. Mourão (Orgs.). *O trabalho e as organizações: atuações a partir da Psicologia* (pp. 465-497). Porto Alegre: Artmed.

Ferraz, A. P. C., & Belhot, R. V. (2010). Taxonomia de Bloom: revisão teórica e apresentação das adequações do instrumento para definição de objetivos instrucionais. *Gestão da Produção* 17 (2), 421-431. doi: 10.1590/S0104-530X2010000200015

Meneses, P., Zerbini, T., & Abbad, G. (2010). *Manual de Treinamento Organizacional.* Porto Alegre: Artmed.

Narayanan, V. K., Olk, P. M., & Fukami, C. V. (2010). Determinants of Internship Effectiveness: An Exploratory Model. *Academy of Management Learning & Education*, 9 (1), 61-80.

5

ACOMPANHANDO E AVALIANDO AS ATIVIDADES DE ESTÁGIO

Thaís Zerbini
Universidade de São Paulo-Ribeirão Preto

Adriano Alves Lemos Peixoto
Universidade Federal da Bahia

Luciana Mourão
Universidade Salgado de Oliveira

Fabiana Queiroga
Universidade de Brasília

Marina Greghi Sticca
Universidade de São Paulo-Ribeirão Preto

O acompanhamento e a avaliação das atividades permite ao docente-supervisor compreender como esse processo de aprendizagem se desenvolve, o que o torna apto a auxiliar o estudante nessa sua transição do mundo acadêmico para o do trabalho e na sua iniciação em atividades profissionais específicas.

O acompanhamento das atividades de estágio é de suma importância, uma vez que o próximo passo do estagiário é iniciar sua carreira profissional. No estágio, busca-se também o aprimoramento profissional na sua área de estudo, e a legislação exige que o contrato celebrado entre o estudante e a organização de trabalho seja acompanhado pela Instituição de Ensino Superior (IES). Sem a mediação de uma IES, o estágio corre o risco de se transformar em mais uma forma de obtenção de mão de obra barata, o que, obviamente, desvirtua o seu objetivo.

Da mesma forma que o estudante necessita de uma orientação para o desenvolvimento de suas atividades de estágio, o professor-supervisor precisa estar preparado para acompanhar e orientar o estudante. Este capítulo objetiva apresentar aos supervisores de estágio um conjunto de recomendações práticas de acompanhamento e avaliação da supervisão de estágio em Psicologia Organizacional e do Trabalho (POT). O texto é estruturado nas seguintes subseções: Acompanhamento das atividades de estágio; Registro das atividades de estágio; Avaliação das atividades de estágio; Resultado da avaliação de aprendizagem no estágio; e, por fim, Desafios no planejamento do acompanhamento e da avaliação do estagiário e Considerações Finais.

O modelo teórico como princípio norteador para o planejamento e acompanhamento dos estágios (**Capítulo 1**) pode contribuir para a compreensão e o desenvolvimento do processo de supervisão. Assim como foi feito nos capítulos anteriores, sobretudo no **Capítulo 4**, no qual se discute o processo de Planejamento do Estágio, as ações de acompanhamento do estágio também deverão ser feitas com base no Modelo de Aprendizagem Experiencial de Kolb (1984).

O estágio profissionalizante curricular está previsto para ocorrer nos períodos finais da graduação. Quem dele participa já pode ter um conjunto de conhecimentos que subsidia a sua práxis e que alimenta seus processos de crítica e reflexão sobre ela. Este é o motivo pelo qual é importante, ao longo do processo de acompanhamento e avaliação, retomar o que foi adquirido ao longo do curso e também evidenciar as aquisições advindas das experiências no estágio. Isto pode contribuir para melhorar a atuação do futuro psicólogo.

O acompanhamento dos estágios profissionais em Psicologia, sob a perspectiva da aprendizagem experiencial, pressupõe a interação entre indivíduo e meio ambiente, e também, o incentivo pela reflexão das experiências concretas.

ACOMPANHAMENTO DAS ATIVIDADES DE ESTÁGIO

A realização do estágio compreende mais do que o desenvolvimento de um conjunto de atividades específicas do estudante em um contexto de organização e trabalho (O&T). Envolve também uma ação ativa por parte do professor-supervisor de estágio no acompanhamento dessas atividades. Nesta seção procuramos descrever e sistematizar alguns elementos que facilitam esse acompanhamento e que devem ser levados em conta pelo professor supervisor durante o seu trabalho.

Não existe um formato único para acompanhamento das atividades de estágio. O mais comum são reuniões realizadas de forma individual ou coletiva, podendo-se destacar aspectos positivos ou negativos de cada uma delas. Por outro lado, a disponibilidade de tempo dos supervisores de Psicologia para esta atividade tem relação direta com o contexto institucional no qual eles atuam. Sabemos que em muitas IES, especialmente nas particulares, há restrições de carga horária. O supervisor de estágio precisa ajustar sua forma de acompanhamento a tais restrições e às suas necessidades e possibilidades específicas.

A experiência pessoal dos autores deste capítulo aponta para um formato misto de reuniões: encontros gerais coletivos, mesclados com algumas sessões de acompanhamento individualizadas. Essa é a base sobre a qual apresentamos e desenvolvemos nossas reflexões.

Seja qual for o formato escolhido, os pressupostos da aprendizagem experiencial descritos no **Capítulo 1**, e base teórica adotada neste Manual, precisam ser considerados no acompanhamento do estágio. Para subsidiar o acompanhamento e a avaliação do estágio, é importante que as reuniões de supervisão tenham uma parte dedicada aos aspectos teóricos, os quais embasam as atividades em desenvolvimento. O acompanhamento do estágio deve debater e relacionar teoria e prática a partir de leituras de cunho teórico e metodológico, e também, de relatórios práticos elaborados em estágios anteriores, sobre os temas específicos desenvolvidos. Tais discussões podem ser entremeadas por relatos das atividades e desafios enfrentados pelo estagiário. Ouvir o relato dos estudantes acerca das atividades realizadas no estágio também é fundamental nas reuniões de acompanhamento.

Pode-se adotar uma metodologia na qual todos os estudantes relatem, individualmente ou coletivamente, como foi a sua semana ou quinzena no estágio (a depender da periodicidade das reuniões de supervisão). Independentemente da opção escolhida, é importante que os relatos destaquem as atividades realizadas, os desafios enfrentados e as dúvidas de como lidar com diversas situações no estágio. Aqui, temos uma competência a ser desenvolvida por parte de supervisores e estagiários: a escuta atenta e participativa. Atuar de maneira ativa na supervisão, acompanhando o conteúdo relatado pelos colegas e estabelecendo relações com a própria experiência contribui para que o estudante seja capaz de também realizar análises mais ampliadas e articuladas no seu campo de atuação profissional. Neste momento, é importante que o leitor retome as competências discutidas nos **Capítulos 2** e **3** deste Manual.

A sistematicidade das reuniões, sejam elas em grupo ou individuais, ajuda o estudante a manter-se conectado com o seu plano de trabalho e a refletir sobre as experiências ocorridas no mundo profissional. Desenvolverá um olhar para o contexto, para as implicações do que é feito, e também, soluções sobre o que e como fazer. O acompanhamento dos estagiários em pequenos grupos favorece a troca de experiências entre os estudantes. Além disso, oferece maior possibilidade de discussão sobre as diferenças dos contextos sociais nos quais cada um está inserido, considerando, inclusive, elementos da cultura, do clima e poderes específicos das organizações onde os estágios são realizados. Os estagiários que estiverem trabalhando em equipes inter e multiprofissionais aproveitam os pequenos grupos de supervisão para potencializar o desenvolvimento de suas habilidades de trabalharem de modo colaborativo, conforme destacado no **Capítulo 3**.

Adicionalmente, a supervisão em grupo também favorece a oportunidade de mesclar perfis distintos de estudantes, sendo possível compor grupos com experiências variadas de trabalho. Essa diversidade contribui para o desenvolvimento de competências afetivas, éticas e sociais, e para o amadurecimento do aprendizado individual, garantindo a generalização de conhecimentos e a transferência de aprendizagens para diferentes contextos.

Sempre que possível, sugerimos que as reuniões coletivas ocorram em um formato em que todos possam compartilhar e apresentar materiais relativos ao seu estágio para favorecer o debate e a troca de ideias sobre valores, atitudes, afetos, emoções e sentimentos. Isto pode acontecer em torno de uma mesa de reuniões, em um círculo formado por cadeiras, ou por almofadas no chão, a depender do ambiente oferecido em cada IES.

REGISTRO DAS ATIVIDADES DE ESTÁGIO

Um aspecto muito importante para o acompanhamento do estágio é o registro das supervisões, os quais podem se dar de formas distintas. Uma delas se refere às entregas do registro de atividades específicas de estágio pelo estudante, em que consta o que foi realizado, com acréscimo das reflexões e do que foi aprendido. Esse material, entregue por escrito ou apresentado oralmente, precisa ser discutido nos encontros de supervisão. A partir dos *feedbacks* recebidos do(s) supervisor(es), os estudantes podem reapresentá-lo, considerando as sugestões recebidas, ou levar em conta tais *feedbacks* na elaboração do registro ou do relatório final.

Outra forma de registro são as observações feitas a cada estagiário pelos professores, que podem ser por escrito ou oral, para fins de *feedback*. É importante que estas observações sejam realizadas mais vezes ao longo do semestre, a fim de que o estudante possa se reorientar em sua prática de estágio.

Por um lado, a entrega de relatórios escritos ou orais, ao longo do semestre, permite uma discussão da adequação técnica das atividades e dos procedimentos adotados pelos estudantes no decorrer do estágio, promovendo, ainda, uma reflexão sobre a aprendizagem realizada. Como destacado anteriormente, tais relatórios podem servir também como materiais de apoio e como discussão para outros ou para os próximos estagiários em acompanhamento coletivo de supervisão. Por outro lado, a avaliação global – que focaliza a evolução do estagiário ao longo de determinado período – é relevante e tem caráter mais informal, considerada uma heteroavaliação por parte de um profissional já experiente (o professor supervisor). Ambas são avaliações de processo. Contudo, enquanto a primeira – entrega de relatório – é discutida no grupo, para que todos possam aprender com as experiências dos colegas, a segunda – avaliação global – tem caráter privado. Os professores poderão marcar um encontro individual com o estagiário para dar o *feedback* de forma mais pessoal, pois essa segunda avaliação focaliza no desenvolvimento de habilidades e atitudes específicas, enquanto a primeira é mais voltada para os aspectos técnicos e cognitivos do exercício das atividades em POT.

Por esse motivo, recomenda-se a utilização de um diário de campo (um caderno de anotações ou um *log book*) para anotações das aprendizagens, reflexões, dúvidas, sentimentos, emoções e ações do estágio, podendo ser uma ferramenta importante para subsidiar o processo de acompanhamento e supervisão, uma vez que, na perspectiva da aprendizagem experiencial, o processo é mais relevante que o produto final.

Nos **Capítulos 1, 2 e 3** são apresentadas as definições de competências em POT, e aquelas que eles esperam desenvolver ao longo dos estágios. O processo de acompanhamento e avaliação do estágio deve-se centrar no desenvolvimento de tais competências, identificando se o estudante está compartilhando conhecimentos e se as vivências cotidianas estão se transformando em um processo contínuo de ação e reflexão.

Nesse sentido, é imprescindível que o acompanhamento e a avaliação do estágio sejam feitos levando em conta os objetivos educacionais e o desenvolvimento de competências adequadas para o perfil a ser formado, em conformidade com o projeto ou com o plano de estágio (ver **Capítulo 4**). O processo de acompanhamento deve usar, portanto, estratégias, métodos e instrumentos de avaliação que promovam uma aprendizagem efetiva e duradoura no estágio.

O processo de acompanhamento do estágio também deve orientar a construção dos resultados de aprendizagem que os estagiários precisam alcançar. Assim, sugere-se que o acompanhamento e a avaliação dos resultados de aprendizagem dos estágios em POT devam levar em conta, além das competências trabalhadas nos **Capítulos 1**, **2** e **3** deste Manual, a Taxonomia de Objetivos Educacionais, apresentada por Borges-Andrade e Abbad (2014), considerando os comportamentos resultantes dos domínios cognitivo, afetivo e psicomotor. O supervisor pode optar pelo uso de outra taxonomia, contudo a aqui sugerida é de fácil operacionalização para classificar objetivos educacionais.

O processo de acompanhamento e avaliação de aprendizagem, portanto, é uma das etapas relevantes do estágio, necessitando estar integrada ao projeto ou ao plano do estágio (ver **Capítulo 4**). Desse modo, os objetivos educacionais que foram definidos na etapa do Plano de estágio deverão servir de guia para o processo de acompanhamento e avaliação do estágio. Na etapa do Plano de estágio, tendo sido os objetivos de ensino classificados de acordo com o nível de complexidade (domínio cognitivo), de internalização (domínio afetivo) ou de automatização (domínio psicomotor), torna-se necessário que na etapa de acompanhamento e avaliação eles sejam retomados.

As estratégias ou os meios instrucionais a serem utilizados nas supervisões devem ser selecionados a fim de que as competências visadas possam ser aprendidas. Definidos os critérios de aprendizagem para cada um dos objetivos específicos do programa, passa-se à construção do processo de avaliação propriamente dito, do qual fazem parte os itens, os instrumentos e os procedimentos de aplicação (quando, quantas vezes, como e o conteúdo do *feedback* dos resultados para o aluno). A **Tabela 1** apresenta os diversos tipos de instrumentos de avaliação de aprendizagem para cada domínio: cognitivo, afetivo e psicomotor.

Tabela 1 – Exemplos de instrumentos de avaliação de aprendizagem

Conhecimento[6]	
Testes objetivos • Múltipla escolha • Verdadeiro e falso • Associação	**Testes de respostas construídas** • Preenchimento de lacunas • Produção de ensaios • Resolução de problemas
Habilidades (Cognitivas e Psicomotoras)	
Teste direto do desempenho esperado • Análise de indicadores de resultados existentes no contexto • Avaliações baseadas em observação direta (com uso de escala) • Avaliações baseadas em observação direta (com lista de verificação) • Avaliações baseadas em observação indireta • Testes com produção de resultados de aprendizagem	
Atitudes	
Observação do comportamento • Avaliação de atitudes por meio de questionários e escalas • Entrevistas	

Fonte: Meneses, Zerbini e Abbad (2010). Adaptado de Morrinson, Ross e Kemp (2001).

A partir das premissas definidas por Bloom et al. (1972a, 1972b), a avaliação busca não apenas identificar o nível de conhecimento dos estagiários, o qual não é mensurado ao longo do processo de acompanhamento e avaliação na maioria dos estágios ofertados, mas verificar se seu desempenho é eficiente, como agem, suas concepções, valores e atitudes (Cummings, 1990).

Para avaliar atividades de estágios profissionalizantes, é necessária uma avaliação especialmente de habilidades e atitudes que possibilitem analisar se o estagiário adquiriu as competências necessárias para a atuação como profissional de POT. Tais habilidades e atitudes englobam a formulação de hipóteses, a procura de alternativas, o julgamento e a metacognição, constituída pelo planejamento, monitoramento e controle das suas próprias estratégias de resolução de problemas, além da transposição de conhecimentos teórico-práticos acumulados ao longo de sua formação para situações reais.

6 Dificilmente, o nível de conhecimento é mensurado no processo de acompanhamento e avaliação de estágios.

AVALIAÇÃO DAS ATIVIDADES DE ESTÁGIO

A etapa de avaliação em situações de estágio constitui um desafio para o professor-supervisor. Como mensurar objetivamente a aprendizagem dos estudantes? Como verificar se as competências foram de fato desenvolvidas? Que procedimentos avaliativos são mais adequados e pertinentes para a avaliação de estágios profissionalizantes em Psicologia, mais especificamente na área de POT?

Qualquer processo de avaliação consiste em determinar em que medida os objetivos educacionais estão sendo alcançados e que mudanças de comportamento estão ocorrendo. Avaliação de uma ação educacional consiste em um processo sistemático de coleta de informações, o qual proporcionará a revisão e o aprimoramento de eventos instrucionais por meio de decisões referentes à seleção, adoção, valorização e modificação dos aspectos instrucionais existentes (Goldstein, 1991). Um programa de estágio consiste em uma ação educacional de curta, média ou longa duração, a depender de sua carga horária.

A avaliação da aprendizagem em cursos de graduação é realizada de forma formativa (diversas provas, relatórios, estudos dirigidos), bem como ao final de uma disciplina, sendo denominada de avaliação somativa. O objetivo é avaliar se o estudante assimilou os conteúdos fornecidos durante um determinado período. A literatura tem apontado críticas ao formato exclusivamente somativo de avaliação. Umas das principais críticas é a de focar mais no resultado final do que na trajetória percorrida pelo estudante durante a aquisição das competências, impedindo a detecção de problemas e o oferecimento de suporte para dificuldades enfrentadas pelos estudantes durante o processo (Borges, Miranda, Santa, & Bollela, 2014). O mesmo raciocínio deve ser aplicado ao estágio.

Em contraste, a avaliação formativa assume que o ato de avaliar é parte integrante de todo o processo de ensino-aprendizagem e, para tanto, deve ser contínua. Neste tipo de avaliação, todas as informações advindas da interação entre estudantes e professores, e entre estudantes, são relevantes para a verificação do grau de aprendizado e da procedência de alterações para melhor alcance dos objetivos previamente definidos. A avaliação passa a ter função reguladora do processo de ensino-aprendizagem, identificando lacunas e propondo soluções para dificuldades enfrentadas pelos aprendizes (Borges et al., 2014).

Um dos componentes principais da avaliação formativa é o *feedback*, que regula o processo de ensino-aprendizagem, fornecendo, continuamente, informações para que o estudante perceba o quão distante, ou próximo, ele está dos objetivos almejados (Rusthon, 2005).

Tradicionalmente, a avaliação de aprendizagem das competências adquiridas no estágio é realizada por um professor-supervisor e pode incluir os supervisores de campo que atuam nas organizações onde os estágios se realizam. Ambos podem fazer a avaliação durante e ao final do período de prática, visando verificar o nível em que tais competências foram desenvolvidas (**Tabela 2**). As avaliações devem ter caráter formativo e somativo, utilizando o nível de aquisição de competências. Ao final do período de estágio, espera-se o desenvolvimento de competências dos níveis 3 e 4, que capacitam o estagiário a atuar com mais autonomia.

Tabela 2 – Avaliação das competências desenvolvidas nas atividades de estágio

Nível	Avaliação das Competências
1	Verifica-se a existência de habilidades básicas e atitudes, mas a competência não está suficientemente desenvolvida.
2	Verifica-se a competência para desempenhar as tarefas, mas o desempenho requer direcionamento e supervisão.
3	Verifica-se a existência de competências para desempenhar tarefas básicas sem direcionamento e supervisão.
4	Verifica-se a existência de competências para realizar tarefas complexas sem direcionamento e supervisão.

Fonte: Adaptado de *Psicología Organizacional y del Trabajo Red Colombiana de Investigadores en Psicología*, de Nodo, 2015.

Dentro desta lógica, a avaliação deve basear-se em múltiplos instrumentos, como apresentados na **Tabela 1**: abranger competências dos domínios cognitivo e afetivo, incluindo as éticas, afetivas, intra e interprofissionais (ver **Capítulos 1, 2** e **3**); e cumulativa, ao incluir processos de aprendizagem. Estudos anteriores, realizados sobre avaliações em situações de ensino-aprendizagem de estágios profissionalizantes, apontam como principais dificuldades citadas pelos estudantes: falta de clareza dos critérios utilizados pelos docentes para avaliá-los em suas atividades de estágio; utilização da avaliação como forma de controle; dicotomia entre o processo avaliativo e o restante do trabalho pedagógico.

As ações educacionais podem ser classificadas quanto à natureza dos desempenhos a serem desenvolvidos, podendo assumir características cognitivas, afetivas ou psicomotoras, como discutido por Bloom et al. (1972a, 1972b). Nestes domínios de aprendizagem, os princípios de complexidade, internalização e automatização, respectivamente, permitem que os resultados de aprendizagem sejam adequadamente ordenados, a fim de que os planos de estágios estimulem a aquisição, retenção e transferência de competências.

Em ações educacionais de natureza cognitiva, que objetivam resultados de aplicação, síntese e avaliação podem ser aplicados, como simulações reais das atividades, demonstrações, atividades práticas, questões de alta complexidade, entre outras.

No caso de avaliações de natureza afetiva, o mesmo raciocínio pode ser empregado: exposições orais de relatórios, simulação de reuniões e/ou entrevistas. Em estágios em POT, dificilmente teremos resultados de aprendizagem de natureza psicomotora, mas há quem considere que habilidades de entrevistas, grupos focais, participação em reuniões, exposições orais de relatórios exigem certas habilidades psicomotoras.

Por outro lado, para Meneses, Zerbini e Abbad (2010), uma questão deve ser discutida. A competência tem como um de seus componentes diversas habilidades do domínio afetivo, fortemente apoiadas em emoções, sentimentos, valores e atitudes pró ou contra objetos sociais. Trata-se de um componente da competência de difícil avaliação em termos de aprendizagem, visto que o domínio afetivo possui como objetivo final a incorporação de padrões afetivo-motivacionais e éticos no repertório individual com impactos no modo de comportar.

No caso específico do estágio, os supervisores, em ambientes seguros de compartilhamento de experiências nas IES, conseguem fazer inferências sobre os padrões afetivo-emocionais relacionados às motivações, às atitudes e aos valores pró-aprendizagem. Isso ocorre à medida que o estudante avança no desenvolvimento e na execução de seu plano de estágio. Avaliar esse tipo de aprendizagem fora do ambiente de supervisão, entretanto, seria muito difícil e arriscado para os professores supervisores. Além da dificuldade de estabelecerem critérios precisos e confiáveis de avaliação de aprendizagem, pode gerar tensões e problemas de ordem ética. Em alguns casos, os valores organizacionais vão de encontro aos princípios ético-morais, os quais devem orientar a conduta dos estagiários (ver **Capítulo 2**), o que torna moralmente reprovável a incorporação de tais valores pelo estagiário.

Um modelo estruturado em quatro níveis de avaliação foi proposto por Kirkpatrick (1976): reação (grau de satisfação dos participantes com diversos aspectos da ação educacional), aprendizagem (grau de assimilação e retenção dos conteúdos abordados nessa ação educacional), comportamento (efeito no desempenho do papel ocupacional esperado) e resultados (alcance dos objetivos da organização/relação custo-benefício). Outros modelos consistem em desdobramentos ou em novas interpretações dos níveis propostos por este autor. Apesar de ter sugerido que os níveis de avaliação são sequenciais, lineares e fortemente correlacionados entre si, diversas pesquisas mostraram não ser verdadeira a relação hierárquica e positiva entre os níveis de avaliação. Por exemplo: um estudante de Psicologia pode adquirir um conjunto de conhecimentos, habilidades e atitudes (CHA) ao longo de um estágio e, ao se inserir no mercado de trabalho, não ser capaz de aplicar o que aprendeu por questões contingenciais, tais como, falta de apoio de colegas de trabalho ou da própria chefia.

Após décadas de pesquisa, os modelos clássicos sofreram diversas críticas e a conclusão foi que a aprendizagem é a condição necessária, embora não suficiente, à transferência, para o ambiente de trabalho, de CHA adquiridos em ações educacionais. Neste contexto, emergem outros modelos de avaliação, concentrados em variáveis anteriormente desconsideradas. Tais modelos foram concebidos justamente em face do principal objetivo de uma avaliação: o de gerar informações que permitam retroalimentar todas as pessoas envolvidas e o programa, o planejamento, a implantação e o processo de avaliação. Entre esses modelos mais integrativos destaca-se o Modelo de Avaliação Integrado e Somativo (MAIS), proposto por Borges-Andrade (1982, 2006), e descrito no **Capítulo 4**. Após novas reflexões sobre suas aplicações, mostrou-se com potencialidade para ser um modelo de gestão somativo e formativo (Borges, Zerbini, Abbad, & Mourão, 2013).

A linguagem adotada para definir os componentes do MAIS, no entanto, está voltada ao ambiente corporativo. Porém, pode-se facilmente adaptar o MAIS em qualquer ambiente que envolva aquisição de objetivos educacionais. Portanto, onde se lê “treinandos”, podemos substituir por estagiário; “treinamento” equivale ao estágio; e assim se aplica aos outros componentes.

O modelo é formado por cinco componentes: **insumos**, **procedimentos**, **processos**, **resultados** e **ambiente**.

O componente Insumo refere-se aos fatores físicos e sociais e aos estados comportamentais e cognitivos, anteriores à instrução, que podem influenciar os seus resultados (e.g., variáveis motivacionais, sociodemográficas, psicossociais, cognitivo-comportamentais do estagiário).

Os Procedimentos são as operações necessárias para facilitar ou produzir os resultados instrucionais, como o Plano de Estágio proposto.

O Processo refere-se aos resultados intermediários ou aos efeitos parciais do treinamento ocorridos no comportamento dos treinandos à medida que os procedimentos são apresentados durante o treinamento (e.g. presença dos estagiários nas supervisões, reuniões coletivas de acompanhamento).

Os Resultados são os efeitos imediatos produzidos pelo treinamento, ou seja, são os desempenhos dos treinandos adquiridos logo após os treinamentos (relatórios finais dos estágios, avaliações finais dos estagiários pelos supervisores).

O Ambiente representa o contexto em que se insere a ação de TD&E e divide-se em quatro dimensões:

- Necessidades: refere-se aos motivos que justificam a participação dos aprendizes em determinada ação educacional (e.g. necessidade regional de abrir um estágio em POT).
- Disseminação: diz respeito às informações disponíveis na organização sobre o treinamento, como programa, material, divulgação, etc. (e.x: mural de divulgação nas IES dos estágios).
- Suporte: concerne aos recursos humanos, materiais, financeiros, psicossociais, etc., presentes no lar, na comunidade e na própria organização, que facilitam ou dificultam a concepção e a implantação de ações de treinamento, e a emergência dos resultados a elas associados (e.g. apoio dos supervisores internos e externos aos estagiários ao longo do processo, apoio da IES, apoio da Instituição ao qual o estagiário está vinculado).
- Efeitos em longo prazo: referem-se às consequências ambientais das ações educacionais nos comportamentos e nos resultados individuais, grupais e organizacionais (e.g. transferência das competências adquiridas ao longo do estagio no ambiente de trabalho futuro, aumento da empregabilidade).

Outro aspecto a ser considerado, é que vamos aqui dar ênfase ao componente *Resultados*, que equivale ao alcance de aprendizagem dos estudantes ao final do estágio. A preocupação em apresentar um modelo de referência de avaliação para resultados de estágios decorre da suposição de não haver avaliações sistemáticas para os resultados do estágio em muitas IES. Quando existem, as avaliações são simples e genéricas, sendo incapazes de dar respostas precisas sobre o desenvolvimento das competências previstas para o estagiário ao final do processo. Muitas vezes, tais avaliações incluem questões gerais, solicitando ao estudante que: faça comentários amplos a respeito do plano inicial do estágio; descreva as atividades principais desenvolvidas; avalie o cumprimento dos objetivos do estágio; e faça uma autoavaliação. Assim, ainda que caiba ao professor-supervisor fazer avaliações próprias e internas ao estágio, sugerimos alguns elementos a serem considerados nas avaliações de aprendizagem em estágios de POT, na **Tabela 3**, como indicadores de alcance de resultados da atuação do estagiário. Conforme já foi sinalizado, é importante que essa avaliação seja feita não apenas de forma somativa (ao final do estágio), mas também ao longo do semestre de supervisão, ou seja, mediante avaliação formativa. Nesse caso, recomenda-se que os pontos da ficha de avaliação sejam considerados tanto para o *feedback* em grupo, quanto para o *feedback* individual ao longo do período letivo.

Tabela 3 – Exemplo de elementos a serem considerados nas avaliações de aprendizagem em estágios de POT

	Componente Resultados*[7] (Modelo MAIS, 1982, 2006)			
Domínios da Taxonomia de Bloom	**Exemplo de Competências e Informações Contextuais**	**Somativo ou Formativo**	**Exemplos de Instrumentos que podem ser utilizados**	**Como será medido**
Cognitivo	Elaborar um modelo de recrutamento e seleção com base em competências. (A organização não dispõe de competências mapeadas.)	Formativo	Análise de indicadores de resultados existentes no contexto	Solicitar ao estudante que elabore as competências e as discuta em sessão coletiva ou individual.
	Identificar questões relacionadas a conflitos entre empregados, colegas e chefias.	Formativo e Somativo	Avaliações baseadas em observação direta (com uso de escala)	Solicitar ao estudante a identificação de escalas de comportamento organizacionais adequadas para aplicação, posterior aplicação, avaliação e devolutiva.
	Realizar um diagnóstico organizacional completo.	Formativo	Testes com produção de resultados de aprendizagem	Perguntar ao estudante questões relacionadas ao contexto, aos aspectos que geraram a demanda e discutir os resultados.
	Organizar e planejar as atividades de estágio de forma a adequar a carga horária definida no Plano de Estágio. (O estagiário relata um acúmulo de responsabilidades na organização e incompatibilidade de horários com o estágio.)	Formativo	Avaliação de atitudes por meio de questionários e escalas e/ou Entrevistas individuais ou em grupo	Promover a discussão de possibilidades de negociações com a chefia e a intervenção do supervisor, caso necessário.
	Realizar a avaliação de dados já coletados de uma avaliação de desempenho realizada anteriormente.	Somativo	Análise de indicadores de resultados existentes no contexto	Solicitar ao estudante que identifique eventuais falhas no modelo, proponha ações e elabore devolutiva.
	Realizar exposições orais de relatórios.	Formativo	Avaliações baseadas em observação direta (com lista de verificação)	Solicitar a apresentação de relatórios parciais aos colegas do estágio, com orientações de critérios de formato, conteúdos e questões de reflexão.

Componente Resultados*[7] (Modelo MAIS, 1982, 2006)				
Domínios da Taxonomia de Bloom	**Exemplo de Competências e Informações Contextuais**	**Somativo ou Formativo**	**Exemplos de Instrumentos que podem ser utilizados**	**Como será medido**
Afetivo	Expressar opinião referente a assuntos técnicos relacionados à área de POT. (Ao participar de uma reunião, o estagiário é impedido de colocar suas sugestões, já que está na presença de consultores com mais experiências.)	Formativo	Avaliação de atitudes por meio de questionários e escalas e/ou Entrevistas individuais ou em grupo	Promover a discussão da experiência e reflexões de como deveria se comportar em uma próxima ocasião de maneira cordial e profissional.
	Atuar de acordo com os princípios do código de ética (por exemplo: guardar sigilo das informações) da organização e dos funcionários obtidos e informa a terceiros os resultados decorrentes da sua atuação, somente o que for necessário.	Formativo	Avaliação de atitudes por meio de questionários e escalas e/ou Contato com o preceptor de campo	Solicitar relatos ao estudante sobre a sua atuação e promover reflexões de como deveria se comportar em uma próxima ocasião de maneira cordial e profissional. Acompanhar o relato do preceptor de campo.

7 Na Tabela, destacam-se como avaliar o componente *Resultados do Modelo MAIS*. Demais exemplos dos outros componentes estão descritos nos parágrafos supracitados.

Todos os componentes do Modelo MAIS podem ser utilizados na avaliação de estágio em POT: Insumos, Processos, Procedimentos, Resultados em Longo Prazo (incluindo o desempenho de egressos) e o Ambiente. Contudo, o presente capítulo enfatiza os processos de aprendizagem do estagiário que está inserido no componente *Resultados*. Para mais informações sobre o modelo para fins de gestão ou pesquisa pode-se consultar Borges-Andrade (1982, 2006); Borges-Andrade et al. (2013); Abbad, Mourão, Meneses, Zerbini, Borges-Andrade, e Villas-Boas (2012) e Abbad, Meneses e Zerbini (2010).

Por fim, é preciso realizar a devolutiva do processo de avaliação de aprendizagem do estágio. Apesar de todas as etapas serem importantes, esta última pode ser considerada a mais relevante para o estudante. É a partir desta etapa que todo o processo pode ser ajustado, a fim de que os estágios possam tornar-se cada vez mais efetivos para os estudantes, professores supervisores e IES. Para tanto, os resultados da avaliação de aprendizagem devem ser retornados para todos os participantes do programa de estágio na forma de relatórios padronizados. Por isso, é importante determinar para quem os dados precisam ser devolvidos (estudantes, coordenadores de cursos, gestores de IES, parceiros de estágios), de que forma serão apresentados (reunião formal, meio eletrônico, etc.), e, principalmente, quais as decisões a serem tomadas após a devolução dos resultados (aperfeiçoamento dos estágios, mudanças nos procedimentos adotados pelas organizações parceiras, etc.).

CONSIDERAÇÕES FINAIS

Dentre os inúmeros desafios da supervisão de estágio em POT destacam-se três. O primeiro é conseguir, em um período de supervisão relativamente curto, cobrir lacunas de competências identificadas nos relatos dos estudantes, compreendendo tanto os aspectos de fundamentação teórica, quanto os relativos à atuação profissional em termos de habilidades e atitudes. Como forma de minimizar tal dificuldade, textos que tenham relação direta com o conteúdo das atividades e estão sendo realizadas pelos estudantes podem ser discutidos. Além disso, é preciso fazer um controle do tempo de cada uma das atividades dos encontros de supervisão, para que seja possível cumprir os objetivos previamente definidos.

O segundo desafio é conciliar a demanda de supervisão dos estudantes com a carga horária disponível dos professores. Quando a supervisão é individual, é necessário um número de horas dedicadas à supervisão de estágio bastante elevado, tendo em vista que os encontros de supervisão precisam acontecer periodicamente. Quando a supervisão é coletiva, é preciso conciliar a aprendizagem do grupo, a partir do compartilhamento das experiências de cada participante, com o respeito à privacidade e ao estágio de desenvolvimento de cada estudante. Portanto, devem-se evitar comparações entre os membros ou excessiva exposição dos estudantes. Para lidar com este desafio, sugere-se que sejam marcados encontros individuais de *feedback*, pelo menos duas vezes por semestre. Além disso, sempre que os professores-supervisores perceberem a necessidade de dar um retorno particularizado a algum estudante, é importante agendar um horário de supervisão individual.

O terceiro desafio situa-se no campo de atuação dos estudantes, pois alguns deles, embora desejem, enfrentam dificuldade para realizar um estágio específico em POT. Como solução, alguns buscam fazer o estágio nas organizações nas quais já trabalham, mas nem sempre há oportunidade de realizar as atividades planejadas no estágio. O ambiente mostra-se, às vezes, mais favorável para a aprendizagem do estudante quando a organização oferece a oportunidade de estágio, do que quando o próprio estudante tem de negociar com a organização na qual já trabalha um plano que se configure como experiência de estágio em Psicologia na área de POT.

Para lidar com este desafio, tenta-se, simultaneamente, flexibilizar algumas atividades para encaixá-las nas demandas relacionadas à organização, em que o estudante trabalha e também desenvolver em cada um a capacidade de negociar com a organização a realização de algumas atividades fundamentais para a sua formação.

Por fim, é preciso ter em conta que o acompanhamento das atividades de estágio deve ser orientado para o desenvolvimento das competências laborais que tornem o estagiário capaz de mobilizar diversos recursos cognitivos para serem aplicados nas situações de sua prática profissional (Le Boterf, 2005). Considerando que as competências laborais só podem ser reconhecidas a partir de uma ação concreta, o acompanhamento do estágio deve levar em conta o desempenho esperado, a formação educacional daquele estudante e o ambiente profissional no qual ele está inserido nas atividades de estágio.

É de extrema importância que os estudantes sejam capazes de atender às novas exigências do mercado de trabalho e, para tanto, precisa-se garantir a aquisição de novas competências continuamente. Uma das principais atividades que auxilia nesse processo é o estágio profissionalizante. Portanto, torna-se fundamental garantir a efetividade de tal ação educacional, e é por esse motivo que os profissionais envolvidos precisam estar bem capacitados a desenvolver e implementar sistemas de avaliação que forneçam respostas concretas aos envolvidos.

REFERÊNCIAS

Abbad, G., Zerbini, T., Carvalho, R. S., & Meneses, P. P. M. (2006). Planejamento instrucional em TD&E. In J. E. Borges-Andrade, G. Abbad, L. Mourão, & colaboradores. *Treinamento, desenvolvimento e educação em organizações e trabalho: fundamentos para a gestão de pessoas* (pp. 289 -321). Porto Alegre: Artmed.

Borges-Andrade, J. E. (1982). Avaliação somativa de sistemas instrucionais: Integração de três propostas. *Tecnologia Educacional,* 11(46), 29-39.

Borges-Andrade, J. E. (2006). Avaliação integrada e somativa em TD&E. In J. E. Borges-Andrade, G. Abbad, L. Mourão (Orgs.). *Treinamento, desenvolvimento e educação em organizações e trabalho: Fundamentos para a gestão de pessoas* (pp. 343-358). Porto Alegre: Artmed.

Borges-Andrade, J. E., Zerbini, T., Abbad, G., & Mourão L. (2013). Treinamento, desenvolvimento e educação: um modelo para sua gestão. In L. O. Borges, & L. Mourão (Orgs.). *O trabalho e as organizações: atuações a partir da Psicologia* (pp. 465-497). Porto Alegre: Artmed.

Bloom, B., Engelhart, M. D., Furst, E. J., Hill, W. H., & Krathwohl, D. R. (1972a). *Taxonomia dos Objetivos Educacionais – Domínio Afetivo*. Porto Alegre: Editora Globo.

Bloom, B. S., Krathwohl, D.R., & Masia, B. B. (1972b) *Taxonomia de objetivos educacionais: compêndio primeiro: domínio cognitivo*. Porto Alegre: Globo.

Camillis, P. K., & Antonello, C. S. (2010). Um estudo sobre os processos de aprendizagem dos trabalhadores que não exercem função gerencial. *RAM – Revista de Administração Mackenzie,* 11(2).

Closs, L., & Antonello, C. S. (2014). Aprendizagem de gestores no contexto das transformações contemporâneas no mundo do trabalho. *Revista de Ciências da Administração,* 16(39), 17. doi: 10.5007/2175-8077.2014v16n39p146.

Cummings, W. (1990). Evaluation and Examinations – Why and How are Educational Outcomes Assessed? In R. M. Thomas (Eds.). *The International Comparative Educational Pratices, Issues and Prospects* (pp. 87-106). Oxford: Pergamon Press.

Gagné, R. M. (1968a). Contributions of Learning to Human Development. *Psychological Review,* 75, 177-191.

Gagné, R. M. (1968b). Learning hierarchies. *Educational Psychologist,* 6, 1-9.

Illeris, K. (2007). What Do We Actually Mean by Experiential Learning? *Human Resource Development Review* 6(1), 84-95. doi: 10.1177/1534484306296828

Ferraz, A. P. C., & Belhot, R. V. (2010). Taxonomia de Bloom: revisão teórica e apresentação das adequações do instrumento para definição de objetivos instrucionais. Gestão da Produção 17 (2), 421-431. doi: 10.1590/S0104-530X2010000200015

Kirkpatrick, D. L. (1976). Evaluation of training. In R. L. Craig (Org). *Training and Development Handbook* (pp. 18.1-18.27). New York: Mc Graw-Hill.

Kolb, D. (1984). *Experimental learning.* Englewood Cliffs, New Jersey: Prentice Hall.

Le Boterf, G. (2005). Construir as competências individuais e coletivas. Porto: ASA Editores S.A.

Meneses, P. P. M., Zerbini, T., & Abbad, G. (2010). *Manual de treinamento organizacional.* Porto Alegre: Artmed.

Rodrigues Jr. (1997). *A taxonomia de objetivos educacionais: Um manual para o usuário* (2a ed.). Brasília: Universidade de Brasília.

Rushton A. (2005). Formative assessment: a key to deep learning? Med Teac doi: 10.1080/01421590500129159.

6

TENSÕES NA IMPLEMENTAÇÃO DO ESTÁGIO EM POT

Adriano de Lemos Alves Peixoto
Universidade Federal da Bahia

Maria Nivalda de Carvalho-Freitas
Universidade Federal de São João Del Rei

Marina Greghi Sticca
Universidade de São Paulo – Ribeirão Preto

Daiane Rose Cunha Bentivi
Universidade Federal da Bahia

O mundo do trabalho, por ser atravessado por inúmeras variáveis e diferentes processos, é, por essência, bastante dinâmico. A cada nova tecnologia, flutuação da economia, lei regulamentada, ou ainda, mudança social, a dinâmica laboral se modifica e estabelece novos contornos. Diante dessas transformações, as competências exigidas ao profissional de Psicologia para o seu ingresso no mercado de trabalho são constantemente atualizadas, requerendo cada vez mais dinamismo e capacidade de inovação por parte desses profissionais (e.g., Enríquez-Martínez & Rentería Pérez, 2007; Harvey, 2000).

A formação universitária, no entanto, nem sempre acompanha esse dinamismo das demandas do mundo do trabalho para que o profissional apresente competências instrumentais, visto seu importante papel no desenvolvimento de competências mais estáveis relacionadas à ação e à convivência cidadã. Parte das estruturas curriculares dos cursos de Psicologia é composta por componentes reflexivos e críticos, que surgem como desmembramento dos cursos de Filosofia e das Ciências Sociais (Lisboa & Barbosa, 2009), ou ainda, das exigências de uma formação de base científica.

Esses dois campos, por terem lógicas diferenciadas de funcionamento, produzem tensões que se refletem na dualidade entre o perfil do egresso dos cursos de Psicologia e o perfil do profissional, tido como empregável no mundo atual, gerando um constante debate acerca da divergência entre a formação acadêmica e a formação profissional (Lisboa & Barbosa, 2009). Essa situação se materializa nos estágios sob a forma de diversas tensões.

Neste capítulo, o foco recairá nas seguintes tensões: (i) intradisciplinares; (ii) teoria e prática; (iii) desenvolvimento profissional/pessoal e inserção precária; (iv) supervisão acadêmica e supervisão de campo; e (v) práticas organizacionais e diretrizes de atuação profissional. Cada uma delas será apresentada e discutida em seus desdobramentos, sendo sugeridas algumas estratégias de supervisão para a transformação das tensões em possibilidades de sínteses, as quais contribuam para a ampliação das possibilidades de formação e atuação profissional do estudante da área de Psicologia Organizacional e do Trabalho (POT).

TENSÕES INTRADISCIPLINARES

De modo geral, as instituições de ensino superior e as organizações de trabalho possuem culturas diferentes e identidades distintas, em função de seus variados objetivos. A cultura se refere a padrões de desenvolvimento que confere identidade social às organizações, aos países, aos grupos e se materializa na forma de sistemas de conhecimento, ideologias, valores, leis e rituais, permitindo diferenciar as estruturações sociais (Morgan, 1996).

Apesar de várias proximidades, a cultura acadêmica se distancia em muitos dos aspectos da cultura das organizações de trabalho. Esse distanciamento denuncia as identidades distintas dessas instituições (ensino e trabalho), com valores diferentes, traduzido, por exemplo, na forma como vários procedimentos são operacionalizados: formato de relatórios e de propostas de trabalho, lógica pragmática *versus* lógica reflexiva, demandas do fazer *versus* demandas do conhecer, entender e explicar.

Os estudantes de Psicologia, quando iniciam os estágios nas organizações, passam por um processo de socialização, o qual se organiza em função da necessidade de aprendizagem, não apenas da execução das tarefas específicas, que estarão sob sua responsabilidade, mas também dos valores,das crenças, das formas de execução dos procedimentos de uma determinada cultura organizacional. Isto promoverá impacto na formação de suas identidades profissionais.

Entretanto, parte importante do sistema de valores prevalentes nos cursos de Psicologia na atualidade (em especial os cursos das universidades públicas) organiza-se em torno de valores e princípios que podem, muitas vezes, entrar em choque direto com os princípios e valores das organizações de trabalho capitalistas. Isso se evidencia mais intensamente a partir das abordagens críticas da Psicologia. Neste contexto, o fazer do psicólogo organizacional e do trabalho é visto como uma atividade menos valorizada, sendo objeto de inúmeras críticas do ponto de vista ético e social (Bastos, Yamamoto, & Rodrigues, 2013).

Os psicólogos, especialmente aqueles que atuam em POT, são frequentemente vistos como profissionais cooptados pelo sistema capitalista vigente e com pouca capacidade de reflexão sobre as determinações sociais e políticas de seu fazer. Esse é claramente o sentido da crítica que faz autores como Bernardo, Oliveira, Souza e Sousa (2017), sugerirem que a POT se volta para [...] "fornecer ferramentas para a gerência, sem envolver mudanças nas metas produtivas, no ritmo de trabalho ou no modelo técnico do processo produtivo e, muito menos, na assimetria de poder entre trabalhadores e gerência" (p. 19).

Esse ambiente gera uma dupla consequência: uma de natureza interna aos cursos de Psicologia, e outra sobre a percepção de que organizações de trabalho têm sobre os estudantes. A crítica, na forma como muitas vezes é veiculada, ao invés de se constituir como parte de um processo natural, e mesmo desejável de debate no âmbito da academia, não raro envereda para a desqualificação, até mesmo como forma de afirmação de um conjunto de valores particulares, o qual amplia as tensões, as desconfianças e interdita o debate entre diversas abordagens teóricas e metodológicas, características da profissão do psicólogo. Seus impactos se desdobram nos diversos espaços em que há disputa de poder na universidade, tais como nos perfis de contratação de docentes para ministração de componentes curriculares específicos e nos projetos pedagógicos.

Há ainda um elemento particularmente perverso, um desdobramento dessa tensão, que se materializa nos discursos de sedução a que são expostos os estudantes, os quais potencialmente têm interesse em POT. Tais estudantes se veem diante de uma grande pressão social para desqualificar e deslegitimar essa escolha de área de atuação profissional, a favor de um suposto bem comum, um interesse social hipoteticamente mais amplo que seria encontrado em outras abordagens ou em áreas de atuação da Psicologia.

Esse ambiente de tensão intradisciplinar possui desdobramentos para fora da universidade, contribuindo para uma percepção de parte de algumas organizações de que o estagiário ou o psicólogo organizacional e do trabalho recém-formado seria pouco capaz de superar as críticas e de auxiliar as organizações no alcance de seus objetivos e resultados, preservando a saúde dos trabalhadores.

Nesse interjogo de desconfianças sobre as possibilidades do psicólogo organizacional e do trabalho, alimentadas pela diversidade de valores e por pouca interlocução, a formação do psicólogo tem ficado prejudicada, ora pendendo para uma crítica sem promover transformação, ora para um tecnicismo acrítico. Não é por outro motivo que Anderson, Herriet e Hodgkinson (2001) argumentam que pesquisadores e profissionais têm visões estereotipadas uns dos outros, contribuindo para a ampliação da distância existente entre teoria e prática.

A TENSÃO TEORIA E PRÁTICA

Comumente, observa-se um discurso que dicotomiza o campo teórico e o prático, visualizando o estágio como "a parte prática dos cursos de formação de profissionais em geral, em contraposição à teoria" (Pimenta & Lima, 2005, p. 6). No contexto organizacional, o estágio proporciona o contato direto do estudante com situações reais, as quais o permite relacionar conteúdos teóricos e práticos, levando-o também a construir uma concepção holística da dinâmica organizacional, somente possível pelo contato direto com o cotidiano de tarefas na organização (Castro, Nishimura, Silva, Madureira, & Casado, 2007). Porém, apesar de indissociáveis, essas duas dimensões, no contexto do estágio, geram tensões constantes que interferem na experiência e no aprendizado do estudante, produzindo desarmonia entre os atores envolvidos neste processo de estágio: instituição de ensino, organização e estudante.

Pensar dicotomicamente a teoria e a prática não permite apreender a complexidade do mundo do trabalho e obter compreensão dos processos de aprendizagem envolvidos e necessários para a formação do profissional de POT. De qualquer forma, não deixa de ser curioso (ou mesmo significativo) observar que a tensão mais evidente identificada durante os processos de supervisão diz respeito justamente à questão da articulação entre teoria e prática.

A despeito da qualidade da formação, é comum os estudantes irem para o campo de atuação prática sem experiências anteriores de trabalho, possuindo um conjunto mais ou menos organizado e integrado de conhecimentos sobre diversos fenômenos relacionados a esse contexto (Zanelli, Borges-Andrade, & Bastos, 2014). Esse conjunto inclui conhecimentos relacionados ao indivíduo no contexto profissional, aos processos organizacionais, e ao campo de atuação do psicólogo, por exemplo.

Esse corpo de conhecimentos teóricos oferece aos estudantes um esquema conceitual e referencial para sua atuação. No entanto, ao se depararem com a prática (o fazer objetivado nas ações do estágio), surgem as primeiras dificuldades, pois a ação profissional sobre a realidade inclui outros elementos que se situam além da posse do conhecimento acadêmico (por natureza teórico, conceitual e, geralmente, abstrato), como: (i) a aplicação dos conhecimentos teórico-conceituais a uma realidade concreta pode levar a um movimento inicial de negação do conhecimento adquirido na formação, principalmente quando a demanda por resultados é intensa e sem espaço para reflexão e articulação mais clara e direta das ações realizadas com o conhecimento adquirido; (ii) a atuação em situações de mudança e instabilidade, nas quais variáveis relevantes à atuação escapam ao controle do estagiário (como disputas de poder no ambiente de trabalho), demandam respostas específicas, contextualizadas e a capacidade de lidar com situações de contradição e incertezas; (iii) as práticas adotadas pelas organizações estão desalinhadas de evidências empíricas mais recentes e das diretrizes de atuação profissional do psicólogo que foram aprendidas na universidade. Isso produz uma tensão sobre qual a forma correta de realizar uma atividade ou de como se comportar no contexto de trabalho. Além disso, (iv) é preciso reconhecer que, muitas vezes, o conhecimento transmitido pela instituição universitária está dissociado do que efetivamente ocorre nos espaços de trabalho. Isso decorre, em parte, pela teoria utilizada não estar adequada à realidade social. Pode ser decorrente também do conhecimento transmitido não ter sido propriamente traduzido e contextualizado por professores que somente possuem uma base teórica, mas sem experiência com a profissão, além daquela expressa no espaço de sala, extraída unicamente de livros de referência.

No entanto, essas dificuldades na relação entre teoria e prática incluem a imprevisibilidade e a ambiguidade da realidade, colocando questões para a teoria que, ao serem refletidas, abrem caminhos para a construção de novos conhecimentos. O risco de uma teoria sem prática é o do descolamento da realidade e do diletantismo, ao passo que o risco de uma prática sem teoria é o da repetição acrítica de técnicas e práticas que reproduzem o *status quo*, pouco contribuindo para a superação dos problemas e desafios impostos ao profissional de POT e demandados pela sociedade. Outro risco é o da atuação ineficiente no que tange à utilização de técnicas já apresentadas como ineficazes pela literatura, ou até mesmo, a ideia de recriação de práticas já existentes, às vezes, com novas denominações, reforçando a mesmice.

Por conta disso, é crescente o interesse de aproximação entre instituições de ensino superior e organizações de trabalho para que os egressos respondam adequadamente às demandas e necessidades do mercado de trabalho (Boden & Nedeva, 2010; Gamboa & Paixão, 2014; Gondim, 2002), o que termina por influenciar as práticas pedagógicas e os conteúdos curriculares das universidades, modificando as competências, habilidades e aptidões exigidas dos graduandos (Leonard, 2000; Morley, 2001; Walker, 2006).

Nessa mesma direção, a instituição universitária é chamada a reformular seus currículos para contemplar as constantes transformações das demandas sociais e da cidadania, em um processo contínuo de reinvenção e transformação, que venha a contribuir para o amplo desenvolvimento humano, social, científico e profissional. Tal reformulação permitiria contemplar tanto uma formação geral quanto uma formação profissional sensível às demandas atuais do mundo do trabalho, ao tempo em que viabilizaria o desenvolvimento de competências, as quais atravessam as diversas formações tanto disciplinar quanto pessoais, transferíveis entre situações de trabalho diversas, garantindo também autonomia e flexibilidade às carreiras profissionais (Gondim, Magalhães, & Brantes, 2016).

Diante dessa possibilidade de ampliação e complementação da formação do estudante, um risco sempre presente é do estágio limitar-se à capacitação do estagiário em atividades tecnicistas e/ou de interesse exclusivo da organização, restringindo o horizonte de possibilidades de atuação do psicólogo organizacional e do trabalho. É importante que o estágio proporcione uma ampla gama de atividades e situações que ampliem o repertório comportamental do estudante e desenvolva novos conhecimentos, novas habilidades e atitudes que contribuam tanto para seu desenvolvimento profissional quanto pessoal e social.

TENSÃO ENTRE DESENVOLVIMENTO PROFISSIONAL/ PESSOAL E INSERÇÃO PRÁTICA

A falta de compreensão das possibilidades de contribuição do estagiário e do adequado nível de responsabilidade que pode lhe ser demandado geram duas situações opostas a serem igualmente evitadas. A primeira é a atribuição de atividades de baixa complexidade aos estagiários; já a segunda, por oposição, é a atribuição de atividades de um profissional efetivo na instituição, requerendo responsabilidades a mais do estagiário do que aquelas que já deveria assumir.

O estágio é apresentado pelas Diretrizes Curriculares Nacionais (DCNs) para o curso de Psicologia (Brasil, 2004) como ponto fundamental do desenvolvimento acadêmico e profissional do estudante. Porém, elas não estabelecem os tipos de atividades que devem ser desenvolvidas, ainda que preconizem *o contato do formando com situações, contextos e instituições, permitindo que conhecimentos, habilidades e atitudes se concretizem em ações profissionais.*

Assim, abre-se a possibilidade de que a atuação dos estagiários na organização tenha como objetivo a obtenção de mão de obra de baixo custo e pouco qualificada. Pela falta de experiência em contextos de trabalho, e na própria prática da Psicologia, não é incomum ouvir estudantes relatarem que são demandados a realizar exclusivamente atividades genéricas e de baixa complexidade, como atividades administrativas repetitivas, que não proporcionam novos conhecimentos e experiências práticas na área específica da Psicologia, o que claramente contradiz o objetivo do estágio, desconfigurando o caráter educativo e formador da experiência (Oliveira, 2009) (ver **Capítulo 2**).

Outro modo de exploração do trabalho de estagiários pelas organizações diz respeito à contratação de estudantes para efetuarem o que é chamado de ajustamento qualitativo do seu quadro de pessoal, obtendo assim mão de obra qualificada a um preço reduzido por um determinado período de tempo (Bolhão, 2013). Muitas organizações buscam estagiários dos últimos anos, que já possuem um conjunto mais amplo e integrado de conhecimento e habilidades a fim de substituir a contratação de um profissional da área, executando as mesmas atividades que os empregados do quadro permanente, porém sem iguais benefícios (Bolhão, 2013; Lourenço, Lemos, & Junior, 2012) e de baixo custo para a organização. Nesses casos, a experiência de estágio deixa de ser positiva, no sentido do desenvolvimento de competências do estudante, e passa a ser uma experiência de inclusão precária no mercado de trabalho.

Felizmente, algumas organizações veem o estágio como uma aproximação estratégica com a universidade, geradora de novas tecnologias e práticas avançadas baseadas em pesquisas. Nessa dinâmica, o estágio é potencialmente responsável por fomentar inovação e criatividade na organização, além de promover renovação de seus quadros e atualização de processos, de acordo com os avanços científicos da área (Rocha-de-Oliveira & Piccinini, 2012).

TENSÃO ENTRE SUPERVISÃO ACADÊMICA E SUPERVISÃO DE CAMPO

Uma questão que assume relevância quando analisados estágios na área de POT diz respeito à qualidade do acompanhamento que o estagiário recebe. A literatura na área já aponta que a qualidade da supervisão é um importante preditor do sucesso do estagiário e do planejamento de sua carreira (Woo, Putnam, & Riforgiate, 2017).

As DCNs definem o estágio como "conjuntos de atividades de formação, programados e diretamente supervisionados por membros do corpo docente da instituição formadora e procuram assegurar a consolidação e articulação das competências estabelecidas" (Art. 20 da Resolução nº 08/2004). Nesta definição, fica claro o papel do supervisor acadêmico no acompanhamento do processo de desenvolvimento das competências dos estagiários ao longo do estágio, garantindo o alinhamento entre a atividade prática experienciada pelo estagiário no campo e o conhecimento teórico da área de POT. Ainda, segundo as DCNs, nos estágios obrigatórios, o estudante deve ter, além do supervisor acadêmico, que realizar supervisões individuais ou coletivas, acompanhando e avaliando o seu processo de ensino-aprendizagem, um supervisor de campo, com formação ou experiência profisisonal na área de conhecimento desenvolvida no curso do estagiário. O suporte dos supervisores possui papel fundamental para o desenvolvimento de competências pessoais e profissionais, visto que o estudante está em processo de aquisição de conhecimentos, habilidades e atitudes necessárias para o pleno exercício da Psicologia.

Dessa forma, o processo de ensino-aprendizagem, no âmbito do estágio, para ser eficaz, precisa contar com a orientação ativa tanto do supervisor acadêmico quanto do supervisor de campo, desde a elaboração do plano de estágio (ver **Capítulo 4**), passando pelo desenvolvimento das ações no campo, até o relatório e avaliação do estudante (ver **Capítulo 5**) (Bolhão, 2013; Lourenço et al., 2012; Ryan, Toohey, & Hughes, 1996; Oliveira, 2009).

É comum que o supervisor acadêmico (docente) seja um pesquisador da área de POT que se dedica a "ensinar" e "produzir" conhecimento em POT, e que, muitas das vezes, está distante do "fazer" ou nunca teve esta experiência na sua formação, por não ter experimentado uma inserção profissional fora do âmbito universitário ou realizado atividades voltadas à gestão da própria instituição universitária. Por outro lado, o supervisor de campo pode ter experiência prática sem um dominio teórico aprofundado. Por serem dois profissionais de instituições distintas e com focos de atuação diferenciados, a relação entre supervisor de campo e supervisor docente gera tensões, caso não seja adequadamente manejada e suas atividades não sejam efetivamente realizadas.

Sendo a POT basicamente uma área aplicada, o domínio conceitual, metodológico e técnico do campo que se pretende supervisionar parece ser importante para a qualidade do acompanhamento oferecido pelo supervisor docente. A falta de conhecimento prático dos supervisores acadêmicos e/ou, por outro lado, a falta de formação teórica robusta na área do supervisor de campo pode, algumas vezes, dificultar a articulação entre conceitos teóricos e procedimentos técnicos da prática profissional, o que limita a formação do estudante e suas possibilidades de atuação. Em outras palavras, a falta de conhecimentos do supervisor acadêmico sobre os pressupostos teóricos e/ou as possibilidades de atuação no campo específico de atuação, e também a falta de experiência prática atuando como psicólogo em organizações de trabalho, podem prejudicar a qualidade do processo de supervisão em função da sua dificuldade em compreender as possibilidades de atuação profissional e as necessidades de compatibilização entre demandas da organização e da atuação crítica/cidadã.

Da mesma forma, há um claro prejuízo da formação quando o supervisor docente limita sua ação a atividades meramente burocráticas, tais como, a assinatura do termo de estágio e o recebimento de relatórios, não havendo o efetivo acompanhamento do estudante, muito menos uma preocupação em estabelecer uma relação entre a instituição universitária e a organização (Caíres & Almeida, 2000; Lourenço et al., 2012; Oliveira, 2009; Ryan et al., 1996).

O supervisor de campo executa, em sua maioria, atividades no nível técnico, e tende a atribuir ao estagiário atividades de intervenção no mesmo nível. Sendo assim, isto pode dificultar o desenvolvimento de competências mais gerais levando a uma formação de natureza instrumental com foco no atendimento às práticas organizacionais em detrimento de diretrizes de atuação profissional mais ampliada.

TENSÃO ENTRE PRÁTICAS ORGANIZACIONAIS E DIRETRIZES DA ATUAÇÃO PROFISSIONAL

Outra tensão importante diz respeito à área de atuação do psicólogo da POT no país. Como descrito no **Capítulo 1**, essa área de atuação, e, supostamente, seu correspondente campo de conhecimento, abarcam três domínios que se organizam em função de diferentes focos de investigação e atuação: Psicologia Organizacional, Psicologia do Trabalho e Psicologia de Gestão de Pessoas. Tais domínios possuem interações com diferentes campos de conhecimento da Psicologia (da Psicobiologia à Psicologia Social), fornecendo bases conceituais que permitem a compreensão dos fenômenos relacionados, desde a organização como unidade social até o trabalho em sua dimensão estruturante para a vida dos indivíduos e para a sociedade. Da mesma forma, a POT recebe influências e aportes de diferentes disciplinas científicas (das ciências humanas às ciências sociais aplicadas), com variados enfoques teóricos. Tal diversidade pode tanto gerar tensões e disputas internas ao campo, quanto ampliar perspectivas e formas de olhar os fenômenos da área (Bastos, 2015).

Uma consequência indesejada dessa diversidade na atuação é que, muitas vezes, os próprios profissionais que trabalham em POT não conhecem os limites e as possibilidades de atuação nessa área. Assim, os processos voltados à formação de estudantes acabam marcados por uma formação estreita que se direciona para as formas mais tradicionais de atuação.

Parece ser isso o que identificou uma pesquisa, a qual buscou mapear o campo de atuação do profissional da POT, realizada por Gondim, Bastos e Peixoto (2010). Seus resultados apontam para um predomínio de atividades tradicionais vinculadas ao recrutamento e à seleção de pessoas. As atividades que ampliam o escopo de atuação do profissional são escassas, limitadas, e também, aquelas que se voltam para aspectos do contexto e do comportamento organizacional, ou ainda, as que intervêm sobre as condições de trabalho ou sobre as relações trabalho-emprego, por exemplo.

Nessa mesma direção é que podemos compreender achados anteriores que já alertavam sobre o forte viés tecnicista na atuação do psicólogo frente aos problemas organizacionais; predomínio das atividades de recrutamento e seleção via utilização de testes psicológicos; atuação limitada em relação às diversas práticas organizacionais; não diferenciação da atuação deste profissional em relação a outros profissionais, e visão fragmentada dos processos organizacionais (Borges, Oliveira, & Morais, 2005; Bastos, 1992).

Esse quadro vem mudando aos poucos em função da própria expansão da área e de um amadurecimento de suas práticas que vão se modificando para atender as exigências de uma sociedade em transformação. Na década de 1990, com a abertura do mercado e o aumento da competitividade, as organizações brasileiras e a realidade do trabalho exigiram novas competências e formas de trabalho. Nesta direção, o estudo de Gondim, Bastos e Peixoto (2010) apontou que o psicólogo organizacional e do trabalho vêm assumindo funções de chefia (23,4%), o que indica uma mudança nos papéis do psicólogo, incluindo a realização de atividades ligadas ao desenvolvimento de equipes de trabalho. Neste contexto, emergem como atividades desenvolvidas por estes profissionais a avaliação de desempenho (52,5%) e o diagnóstico organizacional (49,5%), que aparecem entre a atividades principais, quando o foco é o trabalho em organizações, seguidas pela atividade de consultoria (45,3%).

No processo de formação do estudante, deve existir uma preocupação dos supervisores acadêmicos (supervisores docentes) em oferecer estágios que possibilitem aos estudantes experiências de atuação que extrapolem as atividades tradicionalmente atribuídas ao psicólogo, tais como, recrutamento, seleção e aplicação de testes psicológicos. Na abertura de vagas de estágios obrigatórios, é preciso existir uma preocupação do supervisor acadêmico em negociar com as organizações, ao elaborar o Plano de Estágio, as atividades que podem ser realizadas pelos estudantes (ver **Capítulo 4**). No entanto, o que se observa é que a maioria dos cursos de Psicologia está focada somente em oferecer estágios obrigatórios para que o estudante cumpra a carga horária mínima exigida para a formação. As questões apresentadas são quais competências estão sendo desenvolvidas nessas situações, e se elas seriam suficientes para a atuação profissional na área. Estas questões são centrais na discussão sobre novas frentes de atuação do psicólogo organizacional e do trabalho no contexto brasileiro.

Além disso, o que também pode potencializar essa tensão é a constatação de uma visão limitada dos gestores das organizações brasileiras em relação às práticas organizacionais, as quais podem ser desenvolvidas pelo psicólogo organizacional e do trabalho, o que acaba por restringir tais práticas a atividades já conhecidas e tradicionais.

POSSÍVEIS ESTRATÉGIAS DE SUPERVISÃO PARA MINIMIZAR AS TENSÕES

As tensões intradisciplinares entre teoria e prática, desenvolvimento profissional/pessoal e inserção precária, supervisão acadêmica e supervisão de campo, e práticas organizacionais e diretrizes de atuação profissional, discutidas nesse capítulo, atravessam necessariamente a formação dos alunos em situação de estágio e têm impacto sobre o trabalho dos supervisores. Nesse sentido, algumas estratégias são necessárias para minimizar essas tensões, e elas serão apresentadas a seguir.

ESTRATÉGIA 1

Admitir que essas tensões existem.

ESTRATÉGIA 2

Construir coletivamente ações para superação ou minimização de seus impactos, admitindo que é necessário trabalhar com as tensões. O processo de superação, ainda que provisório, precisa envolver estudantes, docentes, supervisores de campo, dirigentes universitários e gestores das organizações de trabalho. Ancorar planejamento, execução, acompanhamento e avaliação do estágio em uma perspectiva experiencial de aprendizagem, como amplamente defendida nesse manual, pode contribuir sobremaneira nesse processo, inclusive minimizando as tensões intradisciplinares (ver **Capítulo 1**).

ESTRATÉGIA 3

No que se refere à tensão entre teoria e prática, avaliar que, em contextos de estágio, a teoria pode se tornar mais clara e significativa a partir da sua percepção no contexto prático, ao mesmo tempo em que a atividade prática se mostra mais consistente e sólida aliada à apropriação teórica (Barreto da Cruz, 2012; Saviani, 2013).

No entendimento mais amplo da Psicologia como ciência e profissão, teoria e prática devem ser compreendidas como polos complementares e fundamentais para a apropriação do conhecimento e atuação profissional. É importante valorizar, antes mesmo de o estudante fazer estágios, métodos de aprendizagem experiencial que estabeleçam a vinculação entre os objetos de conhecimento aprendidos em sala de aula e a realidade social.

Por meio de contextos reais, é possível que os estudantes vivenciem experiências significativas que proporcionem aprendizado. Por outro lado, ao se depararem com a necessidade de buscar, na teoria, modelos que orientem a compreensão dos fenômenos e guiem para as resoluções de problemas em situações reais desafiadoras e estimulantes, os estudantes desenvolvem visão analítica e pensamento crítico, resultando em propostas de intervenções criativas e inovação, ampliando o conhecimento sobre sua futura profissão (Schwartz, Baptista, & Casteleins, 2001). Essas ações contribuem para minimizar as tensões intradisciplinares e para uma melhor formação do profissional que atuará em POT.

O estágio apresenta-se como o momento da formação no qual o estudante, ao se inserir em contextos profissionais, tem a possibilidade de articular os conhecimentos teóricos com a prática e refletir sobre essa relação, assumindo um papel ativo no processo de ensino-aprendizagem, adquirindo experiências práticas de aprendizagens significativas em seu percurso profissional.

Esse também é o momento no qual se apresenta a possibilidade de produzir uma práxis mutuamente transformadora e com potencial de contribuição para o desenvolvimento contínuo à saúde e ao desenvolvimento nas/das organizações. Nesse sentido, o campo de estágio, quando abordado como um espaço de superação da tensão entre teoria e prática, proporciona ao estudante a possibilidade de aplicar e expandir conhecimentos de técnicas e métodos utilizados na área da Psicologia Organizacional, desenvolvendo competências de análise, síntese e avaliação, necessárias à contextualização, interpretação e relacionamento de informações (Macuch & Leite, 2013) no ambiente de trabalho.

ESTRATÉGIA 4

Considerando a tensão entre desenvolvimento profissional/pessoal e inserção precária, é importante considerar que além do aprendizado técnico, o estágio também pode ser relevante para o desenvolvimento das competências sociais e interpessoais, tais como comunicação, habilidade de trabalho em equipe (ver **Capítulo 3**), habilidades de negociação, planejamento e liderança. Contribui também para o aumento da maturidade, da autoconfiança, e da capacidade de tomada de decisão, resolução de problemas, responsabilidade, comprometimento, flexibilidade e adaptabilidade (Aguiar Vieira, Caíres, & Coimbra, 2011; Bolhão, 2013; Caíres & Almeida, 1996), além de habilidades tecnológicas e de desenvolvimento da própria carreira (Davies, 2000).

Por isso, torna-se essencial o acompanhamento do estudante pelo supervisor, garantindo o desenvolvimento profissional/pessoal e coibindo possibilidades de inserções precárias. Outra contribuição positiva do estágio para a carreira do estudante resulta do contato direto com os profissionais e usuários dos seus serviços (colegas, clientes, chefes), que ajudam na formação de redes de relacionamento, favorecendo a aprendizagem e a inserção atual e futura na profissão e no mercado (Bolhão, 2013).

ESTRATÉGIA 5

Na tensão entre supervisão acadêmica e supervisão de campo, é necessário trazer para as supervisões acadêmicas (com o orientador da universidade) e de campo (com o supervisor do local de estágio) uma postura tensionada, em que a teoria esteja diretamente imbricada com a prática, ou seja, deve-se evitar reduzir a teoria a um acúmulo de informações, buscando sistematizá-la para incluir evidências colhidas numa prática refletida, que tensione e recrie a teoria. Um estágio organizado, planejado, executado de maneira adequada, com orientação efetiva e complementar na organização em que o estágio ocorre, e na universidade, torna-se uma experiência fundamental para qualificar profissionalmente o estudante, desenvolvendo competências técnicas e comportamentais, preparando-o para os desafios do mundo do trabalho pós-universidade.

Sistematizar estratégias de supervisão em que supervisores acadêmicos e supervisores de campo possam discutir, juntamente com os estudantes, as demandas do trabalho e da formação, possibilitando uma maior integração e um alinhamento, para que a experiência prática possa dialogar com a teoria. Esse acompanhamento coletivo tem o potencial para contribuir sobremaneira com o desenvolvimento de conhecimentos, habilidades e atitudes dos estudantes, por meio de uma vivência dialógica e refletida, materializada pelo exemplo dos supervisores. Essas supervisões coletivas podem ser conduzidas de forma planejada, considerando as demandas de trabalho, tanto do supervisor acadêmico quanto do supervisor de campo.

Nesse sentido, o papel de ambos não se limitaria à observância de condutas técnicas ou de pressupostos teóricos, privilegiando "uma formação socialmente comprometida, reflexiva, ética, generalista, pluralista, interdisciplinar e que articule o compromisso social com as condições concretas postas pelo mercado" (Souza, 2005, p. 46).

ESTRATÉGIA 6

As tensões entre práticas organizacionais e diretrizes de atuação profissional podem funcionar como possibilidades em que contextos de trabalhos ricos em oportunidades de aprendizado, aliados a um suporte técnico e relacional, influenciam positivamente no desenvolvimento de competências no estágio (Gamboa & Paixão, 2014).

Para que os estágios cumpram seu papel formativo, devem estruturar-se a partir da relação de proximidade entre o campo da universidade e o da organização, de forma integrada com a dinâmica organizacional, convergindo em suas atividades conhecimentos teóricos e práticos da POT, com as diretrizes de atuação profissional, em um processo contínuo de retroalimentação.

CONSIDERAÇÕES FINAIS

Considerando as tensões discutidas nesse capítulo e a apresentação de algumas sugestões de estratégias de superação, mostra-se nítida a importância do estágio no processo de inserção profissional dos estudantes, pois os coloca em situações reais de atuação e tensão, próprias do processo de aprendizagem e da formação profissional.

É necessário enfrentar e buscar superar, ou minimizar, essas tensões, ao invés de negá-las ou admitir que apenas um dos lados da tensão tem relevância no processo de formação. Entender a vivência e o enfrentamento das tensões como uma forma viva de aprendizagem e de construção potencializa a formação profissional, com a construção de competências que aliam a questão do contexto, discutida nesse capítulo, com competências relacionadas aos campos ou subcampos da POT (**Capítulo 1**), à postura ética (**Capítulo 2**) e ao trabalho colaborativo (**Capítulo 3**).

A formação do profissional que atuará na área de POT torna-se um aspecto chave para habilitar o psicólogo no atendimento às novas demandas atribuídas a ele no mundo do trabalho. Cabe aos centros de formação brasileiros identificar as lacunas, principalmente em relação aos estágios, para avaliarem se as experiências de estágio consideram questões como a forma de atuação dos profissionais, as atividades que mais frequentemente realizam, a oferta de conhecimentos e de instrumentos em POT já existentes, e, a partir dessas análises, construir os alicerces dos estágios profissionalizantes.

Para levar isso adiante, torna-se fundamental que os professores orientadores de POT conheçam os modelos de formação e atuação profissional a exemplo do modelo de formação da SBPOT – Associação Brasileira de Psicologia Organizacional e do Trabalho (SBPOT, 2020).

Por outro lado, cabe ao estudante utilizar de forma ativa os recursos disponíveis, tais como os períodos de supervisão, visando desenvolver competências pessoais e éticas, as leituras, os grupos de estudos e disciplinas, voltados à área para respaldar sua atuação em nível técnico.

REFERÊNCIAS

Aguiar Vieira, D., Caires, S., & Coimbra, J. L. (2011). Do ensino superior para o trabalho: Contributo dos estágios para inserção profissional. *Revista Brasileira de Orientação Profissional*, 12(1), 29-36. Recuperado de http://pepsic.bvsalud.org/scielo.php?script=sci_arttext&pid=S1679-33902011000100005&lng=pt&tlng=pt.

Antunes, R. (1995). *Adeus ao Trabalho? Ensaio sobre as metamorfoses e a centralidade do mundo do trabalho*. São Paulo: Cortez Editora.

Associação Brasileira de Psicologia Organizacional e do Trabalho – SBPOT. (2020). Competências para a atuação em psicologia organizacional e do trabalho: um referencial para a formação e qualificação profissional no Brasil [recurso eletrônico]. Brasília: UniCEUB. Disponível em www.sbpot.org.br

Bastos, A.V.B. (1992). Psicologia no contexto das organizações: tendências inovadoras no espaço de atuação do psicólogo. In Conselho Federal de Psicologia/Câmara de Educação e Formação Profissional. *Psicólogo Brasileiro: Construção de Novos Espaços*, 113-204. Campinas: Átomo.

Bastos, A. V. B., Yamamoto, O. H., & Rodrigues, A. C. A. (2013). Compromisso social e ético: desafios para a atuação em Psicologia Organizacional e do Trabalho. In L. O. Borges, & L. Mourão. *O trabalho e as organizações: atuações a partir da Psicologia* (pp. 25-52). Porto Alegre: Artmed.

Bernardo, M. H., Oliveira, F., Souza, H. A., & Sousa, C. C. (2017). Linhas Paralelas. As distintas aproximações da Psicologia em relação ao trabalho. *Estudos de Psicologia*, Campinas, 34 (1), 15-24. doi.org/10.1590/1982-02752017000100003

Boden, R., & Nedeva, M. (2010). Employing discourse: universities and graduate 'employability'. *Journal of Education Policy*, 25(1), 37-54. doi: 10.1080/02680930903349489

Bolhão, A. F. D. J., & Almeida, V. O. (2013). *Contribuição do Estágio Curricular para a Formação Acadêmica e Profissional dos Estagiários: estudo de caso numa instituição de Ensino superior* (Dissertação de Mestrado). Coimbra: Instituto Superior Miguel Torga, URL: (consultado a 30 de maio de 2018).

Borges, L. de O., Oliveira, A. C. F., & Morais, L.T. W.A. (2005). O exercício do papel profissional na Psicologia Organizacional e do Trabalho. *Revista Psicologia Organizações e Trabalho*, 5(2), 101-139. Recuperado de http://pepsic.bvsalud.org/scielo.php?script=sci_arttext&pid=S1984-66572005000200005&lng=pt&tlng=pt.

Brasil. Conselho Nacional de Educação (2004). *Resolução nº 8, de 7 de maio de 2004.* Institui as Diretrizes Curriculares para os cursos de Psicologia. Brasília, DF.

Caires, S., & Almeida, L. S. (2000). Os estágios na formação dos estudantes do ensino superior: tópicos para um debate em aberto. *Revista Portuguesa de Educação*, 13(2), 219-241.Recuperado de http://repositorium.sdum.uminho.pt/bitstream/1822/3324/1/Prof.%20Leandro%20RPE%2013%282%29%202000.pdf

Castro, L. A. M. H de M., Nishimura, A. T., Silva, C. M., Madureira, B. M., & Casado, T. (2007). Expectativas e satisfação dos alunos de graduação em administração da FEA-USP/SP em relação aos estágios. REGE. *Revista de Gestão*, 14 n. espcial 61-76. Doi:10.5700/issn.2177-8736.rege.2007.36582

Chan, C. K. Y. (2012). Exploring an experiential learning project through Kolb's Learning Theory using a qualitative research method. *European Journal of Engineering Education*, 37(4), 405-415. doi.org/10.1080/03043797.2012.706596

Cruz, G. B. (2012). Teoria e prática no curso de pedagogia. *Educação e Pesquisa*, 38(1), 149-164. Recuperado de **https://doi.org/10.1590/S1517-97022011005000004**

Davies, L. (2000). Why kick the "L" out of "learning"? The development of students' employability skills through part-time working. *Education + Training*, 42(8), 436-445. doi.org/10.1108/00400910010379961

Enríquez Martínez, Á. & Rentería Pérez, E. (2007). Estrategias de aprendizaje para la empleabilidad en el mercado del trabajo de profesionales recién egresados. *Universitas psychologica*, 6(1), 89-103. Recuperado de http://revistas.javeriana.edu.co/index.php/revPsycho/article/view/97.

Freire, P. (2014/1987). *Pedagogia do Oprimido*. Rio de Janeiro: Paz e Terra.

Gamboa, V. M. & Paixão, M. P. (2014). A qualidade da experiência de estágio e o desenvolvimento vocacional de estudantes dos cursos tecnológicos. *Psicologia: Reflexão e Crítica*, 27(2), 377-387. doi.org/10.1590/1678-7153.201427219

Gondim, S. M. G. (2002). Perfil profissional e mercado de trabalho: relação com a formação acadêmica pela perspectiva de estudantes universitários. *Estudos de Psicologia*, 7(2), 299-309. https://dx.doi.org/10.1590/S1413-294X2002000200011

Gondim, S. M. G., Borges-Andrade, J. E., & Bastos, A. V. B. (2010). Psicologia do Trabalho e das Organizações: produção científica e desafios metodológicos. *Psicologia em Pesquisa*, 4(02), 84-99. Recuperado de http://pepsic.bvsalud.org/scielo.php?script=sci_arttext&pid=S1982-12472010000200002&lng=pt&tlng=pt.

Gondim, S. M. G, Magalhães, M. de O., & Brantes, C. A. (2016). Competências Profissionais: Apresentando um Modelo de Desenvolvimento para Universitários. In A. B. Soares, L. Mourão, & M. M. P. E. Mota (Orgs.). *O Estudante Universitário Brasileiro* (pp. 279-29). Curitiba: Editora Appris, 7.

Harvey, L. (1999). Employability: Developing the relationship between higher education and employment. *Quality in higher education*. Birmingham: Centre for Research into Quality, 1-14. Retrieved de http://qualityresearchinternational.com/esecttools/relatedpubs/Employability5thQHE.pdf

Harvey, L. (2000). New realities: The relationship between higher education and employment. *Tertiary Education & Management*, 6(1), 3-17. doi: 10.1080/13583883.2000.9967007

Knight, P. & Yorke, M. (2001). *Assessment, Learning and Employability*. Glasgow: Society for Research into Higher Education & Open University Press.

Kolb, D. A. (1984). *Experiential Learning. Experience as the source of learning and development*, Englewood Cliffs , N. J.: Prentice-Hall.

Lisboa, F. S. & Barbosa, A. J. G. (2009). Formação em Psicologia no Brasil: um perfil dos cursos de graduação. *Psicologia: ciência e profissão*, 29(4), 718-737. https://doi.org/10.1590/S1414-98932009000400006

Lourenço, M. L., Lemos, I. S., & Junior, J. E. P. (2012). Desafios e possibilidades no estágio obrigatório: a visão dos estudantes do curso de Administração. *Administração: Ensino e Pesquisa*, 13(3), 559-596. Recuperado de http://www.spell.org.br/documentos/ver/31426/desafios-e-possibilidades-no-estagio-supervisio---

Macuch, R. S. & Leite, C. (2013). A sala de aula universitária como laboratório e não auditório uma experiência construtivo-interativa de ensino e avaliação em Engenharia Mecânica. In 3ª Conferência da FORGES, 2013, Recife. Ata da Assembleia Geral realizada no dia 6 de dezembro de 2013.

Morgan, G. (1996). *Imagens da organização*. São Paulo: Atlas.

Oliveira, A. D. (2009). *Estágio, trabalho temporário e trabalho de tempo parcial*. São Paulo: Atlas.

Pimenta, S. G. & Lima, M. S. L. (2005). Estágio e docência: diferentes concepções. *Revista Poíesis*, 3(3), 5-24. https://doi.org/10.5216/rpp.v3i3e4.10542

Rocha-de-Oliveira, S. & Piccinini, V. (2012). A Construção do Mercado de Estágios em Administração na cidade de Porto Alegre. *Revista Pensamento Contemporâneo em Administração*, 6(4), pp. 29-48. Recuperado de https://www.redalyc.org/pdf/4417/441742847003.pdf

Ryan, G., Toohey, S., & Hughes, C. (1996). The purpose, value and structure of the practicum in higher education: A literature review. *Higher Education*, 31(3), 355-377. https://doi.org/10.1007/BF00128437

Saviani, D. (2013). Pedagogia: o espaço da educação na universidade. *Cadernos de pesquisa*, 37(130), 99-134. http://dx.doi.org/10.1590/S0100-15742007000100006.

Schwartz, M. A. M., Baptista, N. M. G., & Casteleins, V. L. (2001). A contribuição do Estágio Supervisionado no desenvolvimento de aptidões e formação de competências. *Revista Diálogo Educacional*, 2(4), 105-111. http://dx.doi.org/10.7213/rde.v2i4.3904

Souza, L. C. G. (2005). *O ensino da psicologia social e suas representações: a formação do saber e o saber em formação* (Dissertação de Mestrado em Psicologia). Universidade Federal do Rio de Janeiro, Rio de Janeiro.

Walker, M. (2006). Towards a capability based theory of social justice for education policy making. *Journal of Education Policy*, 21(2), 163-185. doi.org/10.1080/02680930500500245

Woo, L. L. P. & Sarah E. R. (2017). Identity Work and Tensions in Organizational Internships: A Comparative Analysis. *Western Journal of Communication*. doi 10.1080/10570314.2017.131251.

Zanelli, J. C., Borges-Andrade, J. E., & Bastos, A. V. B. (2014). *Psicologia, organizações e trabalho no Brasil* (2a. ed.). Porto Alegre: Artmed.

7

ESTÁGIO E PRODUÇÃO DO CONHECIMENTO EM POT

Sonia Maria Guedes Gondim
Universidade Federal da Bahia

Antônio Virgílio B. Bastos
Universidade Federal da Bahia

Gardênia da Silva Abbad
Universidade de Brasília

Jairo Eduardo Borges-Andrade
Universidade de Brasília

O principal objetivo deste capítulo é sensibilizar os supervisores acadêmicos de estágio sobre a importância de envidar esforços para promover uma melhor articulação entre produção do conhecimento e prática profissional em Psicologia Organizacional e do Trabalho (POT). Desse modo, pode-se contribuir para o avanço de inovações em POT. Para sustentar nossos argumentos, partiremos de duas perspectivas: a do próprio campo do conhecimento em POT e a da instituição educacional formadora.

A POT historicamente se constituiu como um campo de duplo compromisso, o da produção de conhecimento, para obter o *status* de ciência, e o da solução de problemas práticos, para fins de intervenção profissional e promoção de mudanças no mundo do trabalho e das organizações. Ainda que haja relativo consenso sobre a necessidade de integração entre os dois compromissos, a produção do conhecimento em POT e a prática profissional na área parecem ter trilhado caminhos paralelos.

A produção em um campo científico, ainda que aplicado, não pode prescindir de uma elaboração teórica mais sofisticada, que ajude na formulação de hipóteses a serem testadas empiricamente. Neste caso, o campo avança a despeito dos problemas oriundos da prática. Muitas vezes, os pesquisadores tratam a prática apenas como um campo de aplicação e de menor importância. É lamentável, pois a POT possui um compromisso também com a intervenção e com a mudança social. De outro lado, o foco excessivamente na prática é comum entre profissionais da Psicologia, mas, ao ignorarem o aparato teórico disponível na literatura, fragilizam o avanço da produção científica em POT. A suposição é de que a academia não oferece contribuições importantes para a prática profissional, sendo um mundo à parte. O sério risco é o da proliferação de práticas não apoiadas em fundamentos teóricos testados cientificamente e os exemplos são muitos, levando a uma vulgarização da POT e do profissional que nela atua.

Não é possível esquecer, todavia, que um problema prático pode vir a constatar a inaplicabilidade de teorias já consolidadas na literatura para oferecer soluções úteis e efetivas. Isto estimularia a produção de novo conhecimento mais apropriado ao contexto em que o fenômeno se manifesta. Portanto, os campos teórico e prático podem e precisam estar integrados para contribuir com o avanço da POT. Defendemos o argumento de que o estágio, a partir da definição do problema e da busca por uma solução efetiva e útil, pode vir a produzir novos conhecimentos sobre fenômenos em POT, os quais se manifestam dinamicamente no mundo do trabalho e das organizações.

A integração entre esses dois campos é um dos desafios centrais para a formação do futuro psicólogo e, em especial, para o supervisor de estágios. O desafio é ainda maior em instituições de ensino superior privadas, espaços prevalentes da formação em Psicologia no Brasil, pois, muitas delas não privilegiam a pesquisa. Mas sem a formação científica, o estágio e as futuras atividades profissionais do profissional recém-graduado tenderão ao tecnicismo e à reprodução de modelos não testados cientificamente, carentes de fundamentos teóricos. Ao recém-formado faltará a capacidade de problematizar sua própria prática e desenvolver estratégias criativas e inovadoras para lidar com os problemas e fenômenos do campo de trabalho e das organizações.

A INTEGRAÇÃO TEORIA, PESQUISA E PRÁTICA PROFISSIONAL NA FORMAÇÃO EM POT: UM HORIZONTE

Se de um lado, o campo da própria POT impõe desafios para o reconhecimento da produção teórica a partir de atividades práticas no estágio, as instituições formadoras também têm sua parcela de responsabilidade por não proporem melhor integração entre pesquisa e prática profissional.

As universidades públicas, instituições de vínculo da maior parte dos autores deste Manual, por exemplo, envidam esforços para difundir a crença da indissociabilidade do ensino, pesquisa e extensão. No entanto, a estrutura curricular dos cursos de graduação, em geral, as trata como atividades acadêmicas distintas e desarticuladas.

No que tange à formação profissional, isto se torna mais evidente naquelas instituições que separam estágio básico e profissionalizante. O primeiro, frequentemente é oferecido no início do curso e nem sempre está direcionado para uma prática profissional. O segundo, frequentemente é ofertado nos semestres finais. A agravante é a de não haver articulação entre esses estágios, não estando estruturados para atender a um projeto de desenvolvimento de competências do futuro psicólogo claramente especificado (veja **Capítulos 1** e **3**).

Outro problema decorre da existência de um rol de competências no projeto pedagógico do curso, que, muitas vezes, é ignorado pelos docentes no planejamento das disciplinas de seus cursos. Há uma visível diferença entre o currículo descrito formalmente e o currículo "vivo", resultado do perfil dos docentes e da capacidade de integração entre eles. Afinal, são os docentes que operacionalizam o currículo.

A autonomia dos docentes em sala de aula, especialmente no contexto das universidades públicas, zela por preservar a competência e a expertise do professor. Entretanto, em alguns momentos, serve de entrave aos esforços de coordenadores de cursos em promover maior inter-relação no processo da formação. Desenvolver as competências gerais e específicas previstas no projeto pedagógico, para assegurar uma formação de qualidade, demanda abertura e flexibilidade de todos os docentes, inclusive para se engajarem em aprendizado de teorias e métodos. Isso se torna ainda mais verdadeiro quando a referência é a docentes supervisores de estágio e perfeitamente alinhados à abordagem experiencial de aprendizagem, fundamento teórico deste Manual (ver **Capítulo 1**)

Outro aspecto a se destacar são os inúmeros pré-requisitos que postergam a experiência profissional do estudante. Isso por vezes desestimula-o a seguir no curso. Ocorre porque os estudantes se mostram ávidos para o exercício profissional prático logo no primeiro semestre do curso. Afinal, a escolha pela Psicologia baseia-se também no imaginário do profissional em ação, ajudando as pessoas (Gondim, Magalhães, & Peixoto, 2010).

Não há aqui uma defesa da eliminação de pré-requisitos, especialmente em algumas áreas da Psicologia, mas sim, a intenção é ressaltar que uma proposta de aprendizagem experiencial e metodologia ativa, tal como descrita nos **Capítulos 1 e 3** deste Manual, requer que as experiências profissionais nos semestres iniciais do curso de graduação favoreçam esse tipo de aprendizagem. Os cursos devem compelir o estudante a buscar conhecimentos disponíveis na literatura para que ele compreenda e atue em situações práticas com as quais se depara e que podem não ser familiares.

Ao aderirmos a crença de que o estágio é uma atividade acadêmica que favorece uma articulação entre a experiência profissional e a produção de conhecimento, com nítidos impactos no ensino, apresentaremos outros argumentos para sensibilizar docentes-supervisores sobre as possibilidades de melhora na articulação entre teoria, pesquisa e prática. Supomos que isto contribuirá para o campo de conhecimento de POT e produzirá impactos na própria atuação do docente, como supervisor de estágio, e na qualidade da formação de futuros profissionais.

A PRODUÇÃO DE CONHECIMENTO A PARTIR DO ESTÁGIO: EM BUSCA DE INOVAÇÕES EM POT

A originalidade vem se tornando uma das principais exigências da ciência, sendo um critério de avaliação para publicação em periódicos e em teses e dissertações de pós-graduação. Embora seja um dos critérios mais valorizados no campo da produção do conhecimento, ainda é um desafio para os pesquisadores.

Em recente publicação, Grégoire (2018) considera haver **obstáculos internos** e **externos** ao desenvolvimento da criatividade científica. Os primeiros estariam relacionados à subjetividade do pesquisador e cita dois exemplos: um de ordem epistemológica, que se refere à adesão a um paradigma de ciência, e outro relativo aos viéses cognitivos, que influenciam na escolha das informações para corroborar crenças e perspectivas teóricas do pesquisador.

Os obstáculos externos ao pesquisador estão vinculados às normas sociais, como a pressão da comunidade científica e da sociedade, que, por vezes, desencorajam um tipo de produção de conhecimento que seja distinto do que se advoga na ciência dominante.

De acordo com esse mesmo autor, a criatividade em ciência pode ocorrer em um dos três componentes da atividade cientifica: novas perspectivas de observar o fenômeno, novos métodos e novas teorias. Os três componentes não são considerados independentes, mas, ao contrário, por estarem inter-relacionados, a mudança em um deles repercute nos demais.

A criatividade científica também está relacionada ao tipo de raciocínio que comumente serve de base às inferências explicativas. Em geral, os desenhos de pesquisa contemplam dois tipos de raciocínio: o **dedutivo** e o **indutivo**.

A dedução baseia-se na regra lógica que diz que a partir de uma ou duas premissas se chega a uma conclusão, logicamente derivada. Um exemplo é a premissa de que todo chefe é um líder, apto a exercer influência sobre seus colaboradores. Ao partir-se desta formulação geral, estando diante de um gerente ou chefe de setor, pode-se concluir que ele seja um líder.

Ao contrário da dedução, que se baseia em uma regra lógica, a indução apoia-se em uma regra de probabilidade, de que um evento particular observado pode ser capaz de ser formulado como um princípio geral. Por exemplo, ao estar diante de um chefe cuja suposição é de estar exercendo liderança, salta-se para uma formulação geral de que todo chefe é líder.

A abdução, no sentido dado por Pierce (1879), apresenta-se como uma terceira modalidade de inferência de uma dada observação, ao buscar explicações alternativas para a sua ocorrência. Ao usarmos o mesmo exemplo, podemos dizer que a observação de um chefe, exercendo liderança sobre seus colaboradores, leva o pesquisador a conjecturar sobre outras possíveis explicações, além de ser uma evidência do princípio geral de que todo chefe é um líder ou um potencial líder. Uma explicação alternativa pode ser a de que este chefe já exerceu a função técnica de colaborador, experiência em ser liderado que o faz projetar sobre como um líder deve ser. Outra explicação é de que ele possui um traço pessoal de extroversão (características de personalidade), ou ainda de que a equipe que ele chefia possui membros com características pessoais que facilitam o processo de influência social (características conformistas dos liderados). Certamente, que essas explicações contextuais nem sempre possuem poder de generalização. Pode ainda ser um caso atípico. Mas ao contrário da dedução, que procura se sustentar em uma teoria de base mais sólida, a abdução envolve maior risco, pois lida com um leque de possibilidades explicativas, algumas apoiadas pela literatura, outras inovadoras, para explicar o fenômeno em estudo.

Essa argumentação sobre criatividade e formas de raciocínio em ciência pode soar, a princípio, estranha, mas há duas razões para ela ser levada a cabo. A primeira porque defende a contribuição da criatividade científica da abdução, pois, é por meio dela que o pesquisador tenta selecionar a explicação de um evento para além do teste dedutivo de hipóteses, ou de um teste indutivo, cujo movimento oscila da teoria esboçada, ao dado observado, e do dado à teoria já esboçada. A abdução tenta compreender o fenômeno buscando uma ou outras teorias alternativas que ofereçam melhor poder explicativo do que as tentativas de respostas anteriores. Concordamos com a tese defendida por Grégoire de que a abdução pode contribuir com a criatividade em ciência, ao procurar oferecer explicações mais parcimoniosas e ajustadas aos dados de observação, o que facilitaria o processo de mudança paradigmática nos termos descritos por Kuhn (1962). Tais explicações podem estar apoiadas em alguma outra teoria já existente na literatura, ainda que não tenha sido escolhida inicialmente para servir de base ao teste empírico. Pode ser também o esboço de uma nova teoria, com potencial de ser mais promissora para explicar o fenômeno que se expressa no dado (Bendassolli & Gondim, 2014). A abdução, portanto, é um exercício de imaginação e o esforço de formular novas hipóteses explicativas para um fenômeno, fruto de pensamento divergente, fundamental para ir além da lógica dedutiva ou da inferência indutiva.

A segunda razão para a discussão da criatividade da produção científica pela via da abdução deve-se à suposição de que as atividades de estágio favorecem o uso dessa abdução. O projeto e o plano de trabalho no estágio (ver **Capítulo 5**) não têm como objetivo principal dar resposta a uma hipótese de pesquisa previamente formulada com base em uma problematização teórica. A atividade de estágio parte da necessidade de solucionar um problema de natureza prática, mediante a qual permitirá o desenvolvimento de competências do estudante e futuro profissional. Trata-se de uma atividade que visa a formação e a preparação do estudante em um mundo de trabalho que exige múltiplas competências para o fazer profissional técnico e eticamente fundamentado (ver **Capítulo 1** e **Capítulo 3** para competências em POT e **Capítulo 2** sobre ética).

Ao lidar com problemas práticos na busca de soluções mais efetivas, o estudante e o docente-supervisor podem, de fato, contribuir para o avanço do conhecimento em uma área aplicada como a de POT. A identificação do problema, com base na realidade empírica organizacional, compele o professor-supervisor a buscar, mediante o raciocínio por abdução, um referencial teórico disponível na literatura especializada que venha servir de suporte para justificar tal intervenção no campo de estágio. Caso não o encontre, o supervisor acadêmico recorre a uma teoria provisória que ajude o estudante no processo de planejamento da transformação almejada em seu campo de aplicação. Depreende-se daí a necessidade de o supervisor ter uma atitude de flexibilidade e abertura para novos aprendizados teórico-metodológicos na tentativa de encontrar alternativas que ofereçam melhor solução a um problema prático com o qual se defronta o seu estagiário.

A experiência de estágio, via projeto e plano do estudante, favorece a aprendizagem do docente, contribuindo para sua reflexão teórica, para o desenvolvimento de futuras pesquisas e também para seu aperfeiçoamento como supervisor.

Essa experiência também busca explicar um fenômeno que é uma etapa importante, mas a transformação da realidade é o principal objetivo de uma ciência de intervenção, conforme afirma Simon (2002).

O estágio, ainda que frequentemente se restrinja a uma fase inicial de diagnóstico, só completa o seu ciclo de contribuição para o conhecimento quando consegue planejar uma intervenção ou ação e avaliar os impactos e suas consequências para o aprendizado do estudante. Sendo assim, ele contribui para a geração de insumos na formação profissional do psicólogo, e ainda, para os que participaram e usufruíram direta ou indiretamente da intervenção, como a organização, seus trabalhadores e seus clientes ou usuários.

Para que de fato o esforço que engloba etapas de planejamento, intervenção e avaliação (ver **Capítulos 4** e **5**) cumpram um papel relevante na produção do conhecimento no processo de realização do estágio, o supervisor acadêmico necessita demarcar com clareza as competências que podem ser desenvolvidas. Essas competências devem ser apoiadas no diagnóstico e na demarcação do problema a ser resolvido. Nem todas as competências previstas no processo de formação em POT poderão ser desenvolvidas em uma intervenção temporária de um estudante de Psicologia. Há que eleger as mais significativas (ver **Capítulo 6** sobre tensões).

O processo de produção de conhecimento em POT, mediante atividades de estágio, finaliza quando ambos, supervisor acadêmico e estagiário, se unem nos esforços de divulgar, entre diversos segmentos acadêmicos e profissionais, os procedimentos metodológicos e os resultados alcançados. Mas, do ponto de vista prático, pouca produção em POT deriva de experiências de intervenção por meio de estágio. As produções disponíveis, em geral, se restringem à descrição das experiências e às impressões subjetivas dos estudantes, o que limita o alcance de seu impacto nos processos de construção do conhecimento científico em POT.

EQUILÍBRIO ENTRE UMA CIÊNCIA EXPLICATIVA E EXPLORATÓRIA EM POT

No **Capítulo 1**, destacou-se que entre 2006 e 2007 a EAWOP (*European Association of Work and Organizational Psychology*), em cooperação com a ENOP (rede europeia de professores em POT), criaram uma força tarefa para propor um modelo que incluísse conteúdos e requisitos de um diploma avançado em POT. O modelo está alicerçado em quatro pilares: (1) objetivos educacionais; (2) campos de estudo; (3) tipos de conhecimento; e (4) níveis de aprofundamento especializado.

O terceiro pilar supõe dois tipos de conhecimento: o primeiro respalda-se na pesquisa explanatória que visa, mediante procedimentos metodológicos, produzir conhecimento explicativo sobre os fenômenos em POT; o segundo encontra apoio no tipo de conhecimento exploratório, aquele que tem como foco a busca de solução de problemas práticos envolvendo aspectos tecnológicos (Holmström, Ketokivi, & Hameri, 2009).

Por último, o quarto pilar, o nível de aprofundamento especializado, destaca que a instituição formadora deve ser uma referência em termos temáticos, teórico-conceituais, técnico-metodológicos, ou seja, ter uma identidade de pesquisa e/ou de intervenção. Este último pilar infelizmente parece estar fora do horizonte de grande parte das instituições formadoras. Elas deveriam avançar nesta direção pela via de investimentos sérios e sistemáticos em projetos extensionistas e de atividades de estágio básico e profissionalizante, articulados com políticas de pesquisa.

A POT, como já fartamente documentado, possui duas identidades: a de ciência e a de profissão. Julgamos que boa parte dos supervisores acadêmicos se esquece do compromisso com a produção científica a partir do exercício profissional. Esse exercício transforma a realidade. Ao longo das ações planejadas, ajuda na formatação daqueles fenômenos em POT que se manifestam longitudinalmente. Na implementação de projetos ou nos planos de trabalho em estágio, algumas mudanças de rumo se fazem necessárias ao longo do processo de intervenção, por meio dos *feedbacks* e avaliações processuais. Eles sinalizam se as ações se mostram aquém do esperado ou inapropriadas para a organização ou para o público-alvo a que se dirige. Em outras palavras, as mudanças vão ocorrendo ao longo da intervenção, considerando a observação clara de seus efeitos *in loco*.

O planejamento de estágio requer, muitas vezes, a construção de medidas específicas de contexto e exige também o uso de recursos técnicos inovadores para testar sua efetividade, e ainda, a proposição de modelos conceituais provisórios colocados à prova no processo. Dessa maneira, as chances do estabelecimento das relações mais efetivas entre ações e seus consequentes são aumentadas. Isso é criar e inovar no contexto do estágio. Isso pode ser uma investigação criativa em POT.

CONSIDERAÇÕES FINAIS

Ao encerrar o Manual, este capítulo teve como pretensão sensibilizar o supervisor acadêmico, especialmente o docente que desenvolve pesquisa e atua igualmente no campo do ensino. Esperamos que ele se instrumentalize, teórica e metodologicamente, para fazer do estágio uma modalidade criativa de produção científica em POT.

O desenho do projeto e do plano de estágio deveria estar focado não apenas no desenvolvimento de competências gerais e específicas em POT. A apropriada definição do problema prático e a proposição de alternativas de intervenção poderiam ajudar a colocar teorias existentes à prova, analisando-as criticamente. Contudo, teorias disponíveis poderiam se mostrar inadequadas ou insuficientes para dar resposta ao problema, oferecendo uma solução útil e efetiva. Neste caso, abrir-se-iam espaços para novas construções teóricas que viriam a fundamentar intervenções subsequentes. Poderiam ainda alimentar futuros projetos de pesquisa para teste de hipóteses derivadas da teoria ou dos resultados, na tentativa de resolver o problema.

Acreditamos que dessa maneira se viabiliza um ciclo de integração entre estágio (tentativa de solução de um problema prático), teoria (conjunto articulado de postulados, princípios e proposições na tentativa de explicar um fenômeno) e pesquisa (abordagens e estratégias metodológicas para exploração e teste empírico).

Este manual cumpre um importante papel na instrumentalização teórica e metodológica do supervisor acadêmico para orientar suas atividades no planejamento, processo e avaliação de estágio. Ele visa potencializar a construção desse ciclo de integração a que nos referimos no parágrafo anterior.

É preciso ressaltar que a POT avança como campo de conhecimento apoiando-se em pesquisa básica e aplicada. Nossa intenção foi apresentar argumentos a favor de outra modalidade de produção de conhecimento em POT, via atividade de estágio.

Esperamos que nossos colegas, coordenadores dos cursos de Psicologia de entidades públicas e privadas, reconheçam a utilidade e pertinência do que aqui é proposto. Esperamos ainda que nossas propostas possam ser incorporadas na prática acadêmica. Confiamos que o Manual possa contribuir para o alinhamento de práticas de supervisão de estágios no país e para difundir que eles sejam vistos como uma possibilidade concreta de contribuição para a inovação em POT.

REFERÊNCIAS

Bendassolli, P. & Gondim, S.M. (2014). Significados, sentidos e função psicológica do trabalho: Discutindo essa tríade conceitual e seus desafios metodológicos. *Avances en Psicología Latinoamericana/Bogotá (Colombia)*, 32(1), 131-147. doi: dx.doi.org/10.12804/apl32.1.2014.09

Gondim, S. M. G., Magalhães, M. O., & Peixoto, L. (2010). Escolha da profissão: as explicações construídas pelos psicólogos brasileiros. In A.V.B. Bastos & S.M.G.Gondim (Col.). *O trabalho do psicólogo no Brasil* (pp. 66-84). Porto Alegre: Artmed.

Grégoire, J. (2018) Overcoming obstacles to creativity in science. *Estudos de Psicologia (Campinas)*, 35(3), 229-236. Retrieved from https://dx.doi.org/10.1590/1982-02752018000300001

Holmström, J., Ketokivi, M., & Hameri, A. (2009) Bridging Practice and Theory: A Design Science Approach. *Decision Science.* 40(1), 65-87. doi: 10.1111/j.1540-5915.2008.00221.x

Kuhn, T.S. (1962). *The structure of scientific revolutions 2nd edition*. Chicago: University Chicago Press. Retrieved from https://projektintegracija.pravo.hr/_download/repository/Kuhn_Structure_of_Scientific_Revolutions.pdf

Pierce, C. S. (1878). *How to make our ideas clear*. Retrieved from http://courses.media.mit.edu/2004spring/mas966/Peirce%201878%20Make%20Ideas%20Clear.pdf

Simon, H. A. (2002) Forecasting the future or shaping it? *Industrial and Corporate Change*, 11 (3), 601-605. Retrieved from https://doi.org/10.1093/icc/11.3.601

PARTE III

MODELOS DE INSTRUMENTOS PARA USO NAS ATIVIDADES DE ESTÁGIO

MODELO 1

PROGRAMA DE ESTÁGIO EM POT

[Nome da Instituição de Ensino Superior (IES)]

[Nome da Unidade, nesta IES, que oferece o Curso de Psicologia]

[Nome da disciplina de estágio, conforme Projeto Pedagógico deste Curso de Psicologia]

[Código da disciplina de estágio, de acordo com este Projeto Pedagógico]

[Carga horária ou créditos previstos para esta disciplina, neste Projeto Pedagógico]

[Nome(s) de docente(s) responsável(is) por esta disciplina e pela supervisão acadêmica do estágio]

[Período (semestre e ano) de oferta desta disciplina de estágio]

[Local, nesta Unidade, onde serão realizadas as reuniões de supervisão acadêmica desta disciplina]

Ementa Geral (proposta baseada no Capítulo 1 deste Manual de Estágio)
Atividades relacionadas à análise de necessidades ou demandas, avaliação ou diagnóstico, planejamento de intervenção, intervenção, avaliação desta intervenção e comunicação e feedbacks, realizadas nos campos de Gestão de Pessoas ou de Psicologia do Trabalho ou Organizacional. Essas atividades visam preparar para a atuação profissional, com base em aprendizagem experiencial. Elas são fundamentadas em bases teóricas e evidências empíricas, disponíveis na literatura científica especializada, e acompanhadas e avaliadas por supervisores de campo e acadêmicos.

1. OBJETIVOS (PROPOSTA BASEADA NO CAPÍTULO 1 DESTE MANUAL DE ESTÁGIO)

Com base em demanda concernente aos campos de aplicação de Psicologia Organizacional e do Trabalho ou Gestão de Pessoas, o(a) estudante, em estágio, será capaz de:

a. Analisar esta demanda, identificando aspectos dos ambientes interno e externo que podem afetar atividades de profissionais de Psicologia nesses campos.
b. Diagnosticar o contexto em que o estágio é realizado, identificando a missão e as características estruturais e culturais da organização, descrevendo os possíveis relacionamentos entre elas e as atividades do estágio.
c. Elaborar um plano de atividades de estágio, incluindo objetivos, justificativas teóricas e práticas, e método para atender aquela demanda que seja adequada ao contexto analisado e utilize conhecimentos e métodos produzidos em Psicologia do trabalho ou organizacional ou em Gestão de Pessoas.
d. Executar este plano, aplicando tais conhecimentos e métodos.
e. Redigir relatório técnico, descrevendo os métodos usados e os resultados alcançados, avaliando-os com base nos conhecimentos disponíveis nestas áreas e nos aspectos éticos da atuação profissional, identificando as competências profissionais que foram desenvolvidas e aquelas que ainda pretendem desenvolver.

2. CONTEÚDO PROGRAMÁTICO

Variado, dependendo da demanda recebida no local de estágio e da supervisão de campo lá seguida, embora deva incluir, pelo menos, parte das atividades descritas na Ementa Geral acima.

3. SISTEMA DE AVALIAÇÃO

A avaliação será baseada nas seguintes atividades:

HAVERÁ REPROVAÇÃO...

- Se as faltas ultrapassarem 24% do total de reuniões coletivas de supervisão acadêmica ou 24% do total de dias de estágio no campo.
- Se o relatório final escrito não for entregue, mesmo que as demais atividades levem a um percentual que permita a aprovação.

4. PROCEDIMENTOS DIDÁTICOS (PROPOSTA BASEADA NO CAPÍTULO 1 DESTE MANUAL)

O desenvolvimento do estágio, nos campos de Gestão de Pessoas ou Psicologia do trabalho ou organizacional, incluirá atividades relacionadas à análise de necessidades ou demandas, à avaliação ou diagnóstico, ao planejamento de intervenção, à intervenção, à avaliação desta intervenção e à comunicação e *feedbacks*. Integrará:

a. Elaboração de plano de estágio (ver sugestão de modelo neste Manual) entregue até 30 dias após o efetivo início dessas atividades.
b. Prática profissional acompanhada pelos supervisores de campo e acadêmico.
c. Leitura de textos relevantes para a prática, quando necessária (ver sugestão de bibliografia aqui apresentada).
d. Participação em reuniões semanais (preferencialmente coletivas) de supervisão, durante o período previsto para a realização da disciplina.
e. Relatório parcial (preferencialmente por meio de apresentação oral) e sua discussão nestas reuniões. Este relato deve focar na análise das demandas e no diagnóstico, incluídos no plano de estágio e nas atividades efetivamente realizadas para atingir alguns dos objetivos formulados neste plano.

Critérios de Avaliação	
Tipos de Atividade	**% máximo**
• Plano de estágio	15
• Presença na supervisão	25
• Relatório parcial do estágio (preferencialmente oral)	20
• Relatório final do estágio (escrito)	40
Total	**100**

f. A presença nas reuniões de supervisão é obrigatória.
g. Relatório escrito das atividades de estágio (ver sugestão de modelo neste Manual).

O desenvolvimento do estágio é baseado na aprendizagem experiencial (ver o **Capítulo 1** deste Manual). Os procedimentos anteriormente descritos promovem o compartilhamento de problemas e soluções, resultante das discussões ocorridas nas reuniões de supervisão. A finalidade é ampliar a visão profissional dos que fazem estágio, ao tomarem conhecimento do que é realizado por outro(a)s discentes em estágio nos campos da Psicologia do Trabalho ou Organizacional ou Gestão de Pessoas. Assim, quem estiver fazendo estágio poderá finalizá-lo conhecendo muito mais sobre a prática, naqueles campos, do que aquilo que especificamente pode fazer no posto de trabalho e na organização em que estagiou. A não realização de supervisões coletivas poderia levar a uma visão estreita do conjunto de atividades, que pode ser feita nos mencionados campos. Levaria ainda a uma concepção limitada a respeito das organizações nas quais essas atividades poderiam ser feitas: públicas ou privadas; dos setores primário, secundário ou terciário; pequenas, médias ou grandes; com decisões centralizadas ou descentralizadas; com estruturas matricial ou departamental. etc.

A supervisão bem-sucedida do estágio implica no cumprimento dos critérios de avaliação mencionados na seção anterior e dos procedimentos descritos na presente seção.

5. BIBLIOGRAFIA

Leitura de capítulos relevantes para as atividades realizadas pela maioria do(a)s estagiário(a)s, do livro:

Borges, L. O., & Mourão, L. (2013). *O Trabalho e as Organizações: Atuações a partir da Psicologia*. Porto Alegre: Editora Artmed.

Leituras que poderão apoiar transversalmente as atividades de estágio.

Bastos, A.V.B., & Gondim, S.M.G. (2010). *O Trabalho do Psicólogo no Brasil*. Porto Alegre: Editora Artmed.

Bendassolli, P. F., & Borges-Andrade, J. E. (2015). *Dicionário de Psicologia do Trabalho e das Organizações*. São Paulo: Casa do Psicólogo.

Caetano, A., & Vala, J. (2007). *Gestão de Recursos Humanos: Contextos, processos e técnicas*. Lisboa: Editora RH.

Dancey C. P., & Reidy J. (2006). *Estatística sem matemática para Psicologia*. (Viali, R., Trad.). Porto Alegre: Editora Artmed.

Gomes, D. (2011) (Org.). *Psicologia das Organizações, do Trabalho e dos Recursos Humanos*. Coimbra: Imprensa da Universidade de Coimbra.

Hanashiro, D.M.M., Teixeira, M.L.M., & Zaccarelli, L.M. (2008). *Gestão do Fator Humano: Uma visão baseada em* stakeholders. 2a ed. São Paulo: Saraiva.

Puente-Palacios, K., & Peixoto, A.L.A. (2015). *Ferramentas de Diagnóstico para Organizações e Trabalho*. Porto Alegre: Artmed.

Siqueira, M.M.M. (2008). *Medidas do Comportamento Organizacional*. Porto Alegre: Artmed.

Siqueira, M. M. M. (2014). *Novas Medidas do Comportamento Organizacional*. Porto Alegre: Artmed.

Zanelli, J. C., Borges-Andrade, J. E., & Bastos, A. V. B. (2014) (Eds.). *Psicologia, organizações e trabalho no Brasil*. 2a ed. Porto Alegre: Artmed.

Outras leituras precisarão ser incluídas, a depender das atividades específicas inseridas em cada plano de estágio (ver sugestão de modelo neste Manual).

MODELO 2

PLANO ESTÁGIO PROFISSIONAL

PLANO DE ESTÁGIO PROFISSIONAL SUPERVISIONADO EM PSICOLOGIA ORGANIZACIONAL E DO TRABALHO

(Deve ser elaborado pelo supervisor acadêmico e pelo estudante que realizará o estágio, em comum acordo com o supervisor de campo, quando for o caso, sem ultrapassar oito páginas, em espaço simples e fonte Arial 12, até um mês após o início das atividades de estágio.)

Marque com um "**X**".

( ) obrigatório (se você pretende ou fez matrícula no componente curricular de estágio neste semestre).

( ) não obrigatório (se você não quer ou ainda não pôde fazer a matrícula no componente curricular de estágio).

Nome da **Organização que oferece o estágio**:

Unidade da Organização onde será feito o estágio:

Endereço do local onde será feito o estágio:

Nome do(a) profissional que fará a supervisão de campo:

Telefone ou celular:

E-mail:

Data prevista de início das atividades de estágio nesta Organização:

Data prevista de término das atividades de estágio nesta Organização:

Carga horária semanal dedicada ao estágio:

Título ou área do estágio (Sintetizar o conjunto das atividades principais a serem realizadas no estágio. Exemplos: Avaliação ou Gestão de Desempenho, Treinamento, Desenvolvimento e Educação, Recrutamento e Seleção, Qualidade de Vida no Trabalho, Clima Organizacional, Avaliação de Programa, Clínica do Trabalho ou Mapeamento de Competências.):

Nome da **Instituição de Educação Superior** (IES):

Nome do(a) Estagiário(a):

Número de Matrícula na IES:

E-mail:

Telefone ou celular:

Nome do(a) Docente da IES que fará a supervisão acadêmica:

• Cidade – Unidade da Federação, XX de xxxxxxx de XXXX •

Caracterização da Organização que oferece o estágio (Missão, objetivos, estrutura: descritos de forma clara e sintética, fundamentados em documentos fornecidos pela pessoa responsável pela supervisão de campo.)

Situação-problema (Descreva a demanda da Organização, ou de alguma Unidade da mesma, que justifica as suas atividades de estágio. As informações necessárias para fazer esta descrição devem ser fornecidas pela pessoa responsável pela supervisão de campo.)

Objetivos gerais e específicos (Formule os objetivos que forem mais apropriados, considerando: a) o contexto da organização e a demanda ou situação-problema anteriormente descritas e b) a opinião da pessoa que faz a supervisão de campo. Essa formulação deve ser feita em termos das competências a serem desenvolvidas ao longo do estágio. Provavelmente são algumas daquelas, ou derivadas daquelas, relacionadas:

1) aos campos ou subcampos da Psicologia Organizacional e do Trabalho, mencionadas no Capítulo 1 deste Manual;

2) à postura ética abordada nos Capítulo 2;

3) ao trabalho colaborativo discutido no Capítulo 3; e

4) à análise do contexto proposta no Capítulo 6.

Além da pessoa que faz a supervisão de campo, a responsável pela supervisão acadêmica deverá ser envolvida na formulação desses objetivos.)

Quadro teórico de referência (Descreva algo sobre a biografia que for útil para fundamentar a abordagem metodológica, a qual será descrita no próximo campo deste plano de estágio. Esta bibliografia precisa ser fornecida pelas pessoas que fazem as supervisões de campo e acadêmica. Essa descrição precisa ser breve e ampliada no relatório final de estágio. Citações devem ser feitas seguindo o modelo APA 7ª ed. ou a que estiver mais atualizada. O que for citado aqui deve ser listado nas referências, ao final deste plano de estágio. Não liste bibliografia aqui.)

Abordagem metodológica (Descreva os procedimentos e instrumentos que deverão ser utilizados para atingir os objetivos específicos anteriormente formulados neste plano de estágio. A abordagem metodológica deve estar fundamentada no referencial teórico descrito no campo anterior deste plano de estágio. As pessoas que fazem a supervisão de campo e a supervisão acadêmica poderão ser envolvidas nessa proposta de abordagem metodológica do estágio.)

Atividades (Liste as atividades mais importantes que planeja realizar, para utilizar os procedimentos e instrumentos descritos no campo anterior deste plano de estágio, visando atingir os objetivos específicos anteriormente formulados. A pessoa que faz a supervisão de campo precisa ser envolvida na elaboração deste cronograma de estágio.)	Prazos previstos para a realização das atividades
•	00/00/00
•	00/00/00
•	00/00/00
•	00/00/00
•	00/00/00
•	00/00/00
•	00/00/00
•	00/00/00
•	00/00/00
•	00/00/00
•	00/00/00
•	00/00/00
•	00/00/00
•	00/00/00
•	00/00/00
•	00/00/00
•	00/00/00
•	00/00/00
•	00/00/00
•	00/00/00
•	00/00/00
•	00/00/00
•	00/00/00
•	00/00/00
(Insira novas linhas, se for necessário.)	

Recursos necessários (Humanos, materiais, financeiros....)

Referências (Mencionar tão somente as referências citadas no quadro teórico anteriormente mencionado, ou em outras partes deste plano de estágio. Seguir o formato APA da 7ed. ou a mais atualizada.)

MODELO 3

ACOMPANHAMENTO E AVALIAÇÃO DE ESTÁGIO PROFISSIONAL

ACOMPANHAMENTO E AVALIAÇÃO DE ESTÁGIOS PSICOLOGIA ORGANIZACIONAL E DO TRABALHO

(Deve ser elaborado pelo supervisor acadêmico e pelo estudante que realizará o estágio, em comum acordo com o supervisor de campo quando for o caso, no primeiro dia do encontro.)

Marque com um "**X**"

( ) obrigatório (se você pretende ou fez matrícula no componente curricular de estágio neste semestre).

( ) não obrigatório (se você não quer ou ainda não pôde fazer a matrícula no componente curricular de estágio).

Nome da **Organização que oferece o estágio**:

Unidade da Organização onde será feito o estágio:

Endereço do local onde será feito o estágio:

Nome do(a) profissional que fará a supervisão de campo:

Telefone ou celular:

E-mail:

Data prevista de início das atividades de estágio nesta Organização:

Data prevista de término das atividades de estágio nesta Organização:

Carga horária semanal dedicada ao estágio:

Título ou área do estágio (Sintetizar o conjunto das atividades principais a serem realizadas no estágio. Exemplos: Avaliação ou Gestão de Desempenho, Treinamento, Desenvolvimento e Educação, Recrutamento e Seleção, Qualidade de Vida no Trabalho, Clima Organizacional, Avaliação de Programa, Clínica do Trabalho ou Mapeamento de Competências):

Nome da **Instituição de Educação Superior** (IES):

Nome do(a) Estagiário(a):

Número de Matrícula na IES:

E-mail:

Telefone ou celular:

Nome do(a) Docente da IES que fará a supervisão acadêmica:

• Cidade – Unidade da Federação, XX de xxxxxxx de XXXX •

PARTE I – ACOMPANHAMENTO DO ESTÁGIO (PROCESSUAL)

Segundo o **Capítulo 4** deste Manual, é possível adotar uma metodologia em que todos os estudantes relatem individualmente, ou coletivamente, como foi a sua semana ou quinzena no estágio (a depender da periodicidade das reuniões de supervisão). Independentemente da opção escolhida, é importante que os relatos destaquem **as atividades realizadas**, **os desafios enfrentados** e **as dúvidas de como lidar com diversas situações no estágio**. Aqui, há uma competência para ser desenvolvida por parte de supervisores e estagiários: a escuta atenta e participativa. Atuar de maneira ativa na supervisão, acompanhando o conteúdo relatado, estabelecendo relações com a própria experiência, e contribuindo para que o estudante seja capaz de também realizar análises mais ampliadas e articuladas no seu campo de atuação profissional. **Neste momento, é importante que o supervisor retome as competências discutidas nos Capítulos 2 e 3 deste Manual**.

Princípios:

1. A sistematicidade das reuniões, sejam elas em grupo ou individuais, ajuda o estudante a manter-se conectado com o seu plano de trabalho e a refletir sobre as experiências ocorridas no mundo profissional.

2. Incluir o contexto na análise para antever as implicações do que é feito e também a proposição de soluções sobre o quê e como fazer.
3. O acompanhamento dos estagiários em pequenos grupos favorece a troca de experiências entre os estudantes.
4. Os estagiários que estiverem trabalhando em equipes inter e multiprofissionais podem aproveitar os pequenos grupos de supervisão para potencializar o desenvolvimento de suas habilidades de trabalharem de modo colaborativo, conforme destacado no **Capítulo 3**.
5. Sempre que possível, sugerimos que as reuniões coletivas ocorram no formato em que todos possam compartilhar e apresentar materiais relativos ao seu estágio para favorecer o debate e a troca de ideias sobre valores, atitudes, afetos, emoções e sentimentos. Isto pode acontecer em torno de uma mesa de reuniões, em um círculo formado por cadeiras ou por almofadas no chão, a depender do ambiente oferecido em cada IES.

Recomenda-se a utilização de um diário de campo (um caderno de anotações ou um *Logbook*) para anotações das aprendizagens, reflexões, dúvidas, sentimentos, emoções e ações do estágio, podendo vir a ser uma ferramenta importante para subsidiar o processo de acompanhamento e supervisão, uma vez que esteja na perspectiva da aprendizagem experiencial, adotada neste Manual. Lembre-se de que o processo de aprendizagem é mais relevante do que o produto final. Além disso, verificar se as competências propostas nos **Capítulos 1, 2** e **3** foram contempladas e se os objetivos educacionais e o desenvolvimento de competências foram adequados para o perfil a ser formado em conformidade com o projeto ou plano de estágio (ver **Capítulo 4**). Um exemplo pode se visto a seguir, na **Tabela 1**.

Tabela 1 – Acompanhamento das Supervisões

Data da ida à Organização	Descrição da ocorrência	Como se comportou diante das demandas	Quais foram os sentimentos, reflexões e emoções	Dúvidas para levar para a supervisão

PARTE II – AVALIAÇÃO DO ESTÁGIO (PROCESSUAL E SOMATIVA)

1. Situação-problema (Descreva a demanda da Organização, ou de alguma Unidade da mesma, que justifica as suas atividades de estágio. As informações necessárias para fazer esta descrição devem ser fornecidas pela pessoa responsável pela supervisão de campo.)
2. Tradicionalmente, a avaliação de aprendizagem das competências adquiridas no estágio é realizada por um professor-supervisor e pode incluir os supervisores de campo que atuam nas organizações em que se realizam os estágios. Ambos podem fazer a avaliação durante e ao final do período de prática, visando verificar o nível em que tais competências foram desenvolvidas (**Tabela 2**). As avaliações devem ter caráter formativo e somativo, utilizando o nível de aquisição de competências. Ao final do período de estágio, espera-se o desenvolvimento das Competências dos Níveis 3 e 4, capacitando o estagiário a atuar com mais autonomia.

Tabela 2 – Avaliação das competências desenvolvidas nas atividades de estágio

Nível	Avaliação das Competências	Avaliação[8]
1	Verifica-se a existência de habilidades básicas e atitudes, mas ***a competência não está*** suficientemente desenvolvida.	
2	Verifica-se a competência para desempenhar as tarefas, mas o desempenho requer direcionamento e supervisão.	
3	Verifica-se a existência de competências para desempenhar tarefas básicas sem direcionamento e supervisão.	
4	Verifica-se a existência de competências para realizar tarefas complexas sem direcionamento e supervisão.	

Fonte: Adaptado de Nodo (2015). Psicología Organizacional y del Trabajo Red Colombiana de Investigadores en Psicología.

3. Objetivos geral e específicos – Dentro desta lógica, a avaliação deve basear-se em múltiplos instrumentos, como abranger competências dos domínios cognitivo e afetivo, incluindo as éticas, afetivas, intra e interprofissionais (ver **Capítulos 1, 2 e 3**); e cumulativa, ao incluir processos de aprendizagem. Exemplo a seguir:

8 Pode marcar mais de uma.

Taxonomias de Blomm	Exemplo de Competências e Informações Contextuais	Exemplos de Instrumentos que podem ser utilizados	Como será medido
	Elaborar um modelo de recrutamento e seleção com base em competências. (A organização não dispões de competências mapeadas.)	Análise de indicadores de resultados existentes no contexto.	Solicitar ao estudante que elabore as competências e as discuta em sessão coletiva ou individual.
	Identificar questões relacionadas a conflitos entre empregados, colegas e chefias.	Avaliações baseadas em observação direta (com uso de escala).	Solicitar ao estudante a identificação de escalas de comportamento organizacionais adequadas para aplicação, posterior aplicação, avaliação e devolutiva.
	Realizar um diagnóstico organizacional completo.	Testes com produção de resultados de aprendizagem.	Perguntar ao estudante questões relacionadas ao contexto, aos aspectos que geraram a demanda e discutir os resultados.
Cognitivo	Organizar e planejar as atividades de estágio de forma a adequar a carga horária definida no Plano de Estágio. (O estagiário relata um acúmulo de responsabilidades na organização e incompatibilidade de horários com o estágio.)	Avaliação de atitudes por meio de questionários e escalas e/ou entrevistas individuais ou em grupo.	Promover a discussão de possibilidades de negociações com a chefia e intervenção do supervisor, caso necessário.
	Avaliar dados já coletados de uma avaliação de desempenho realizada anteriormente.	Análise de indicadores de resultados existentes no contexto.	Solicitar ao estudante que identifique eventuais falhas no modelo, proponha ações e elabore devolutiva.
	Realizar exposições orais de relatórios.	Avaliações baseadas em observação direta (com lista de verificação).	Solicitar a apresentação de relatórios parciais aos colegas do estágio, com orientações de critérios de formato, conteúdos e questões de reflexão.

Taxonomias de Blomm	Exemplo de Competências e Informações Contextuais	Exemplos de Instrumentos que podem ser utilizados	Como será medido
Afetivo	Posicionar-se afetivamente pró ou contra assuntos técnicos relacionados à área de POT. (Ao participar de uma reunião, o estagiário é impedido de colocar suas sugestões, já que está na presença de consultores com mais experiências.)	Avaliação de atitudes por meio de questionários e escalas e/ou entrevistas individuais ou em grupo.	Promover a discussão da experiência e reflexões de como deveria se comportar em uma próxima ocasião de maneira cordial e profissional.
	Atuar em conformidade com valores e princípios do código **ética**, como guardar sigilo das informações (da organização e dos funcionários) obtidas e informar a terceiros os resultados decorrentes da sua atuação, mas somente o que for necessário.	Avaliação de atitudes por meio de questionários e escalas e/ou contato com o preceptor de campo.	Solicitar relatos ao estudante sobre a sua atuação, promovendo reflexões de como deveria se comportar em uma próxima ocasião de maneira cordial e profissional. Acompanhar o relato do preceptor de campo.

PARTE III – AVALIAÇÃO DO ESTÁGIO (PROCESSUAL E SOMATIVA)

1. Comentário geral a respeito do plano inicial, em termos de seu cumprimento e/ou alterações nos objetivos instrucionais propostos e na realização das atividades. Comentar cada item onde houve alteração em relação ao proposto no plano.
2. Autoavaliação do estagiário em relação ao seu desempenho dentro do estágio (assiduidade, responsabilidade, trabalho em equipes inter e interdisciplinares, desempenho nas atividades, formação teórica e ética).
3. Avaliação do supervisor das atividades desenvolvidas pelo estagiário (assiduidade, responsabilidade, trabalho em equipes inter e intradisciplinares, desempenho nas atividades, formação teórica e ética. Contendo nota e frequência).

MODELO 4

RELATÓRIO FINAL DE ESTÁGIO PROFISSIONAL

RELATÓRIO DE ESTÁGIO PROFISSIONAL SUPERVISIONADO EM PSICOLOGIA ORGANIZACIONAL E DO TRABALHO

(Deve ser elaborado pela pessoa que fez o estágio, sem ultrapassar quinze páginas, em espaço simples e fonte Arial 12)

Marque com um "X".

(   ) obrigatório (para avaliação, visando atribuir créditos em disciplina deste semestre).

(   ) não obrigatório (para avaliação, visando cumprir requisito de legislação sobre estágios).

Nome da **Organização que ofereceu o estágio**:

Unidade da Organização onde foi feito o estágio:

Endereço do local onde foi feito o estágio:

Nome do(a) profissional que fez a supervisão de campo:

Fone ou celular:

E-mail:

Data de início das atividades de estágio nesta Organização:

Data de término das atividades de estágio nesta Organização:

Carga horária semanal dedicada ao estágio:

Título ou Área do Estágio (Sintetizar o conjunto das atividades principais efetivamente realizadas no estágio. Exemplos: Avaliação ou Gestão de Desempenho, Treinamento, Desenvolvimento e Educação, Recrutamento e Seleção, Qualidade de Vida no Trabalho, Clima Organizacional, Avaliação de Programa, Clínica do Trabalho ou Mapeamento de Competências.):

Nome da **Instituição de Educação Superior** (IES):

Nome do(a) Estagiário(a):

Número de Matrícula na IES:

E-mail:

Telefone ou celular:

Nome do(a) docente da IES que fez a supervisão acadêmica:

• Cidade – Unidade da Federação, XX de xxxxxxx de XXXX •

Caracterização da Organização que ofereceu o estágio (Missão, objetivos, estrutura: descritos de forma clara e sintética. Copiar ou atualizar do campo correspondente no plano de estágio.)

Situação-problema (Descreva a demanda da Organização, ou de alguma Unidade da mesma, que efetivamente justificou as suas atividades de estágio. Copiar ou atualizar do campo correspondente no plano de estágio.)

Objetivos gerais e específicos (Copiar ou atualizar do campo correspondente no plano de estágio. Se ocorreram alterações desde que este plano foi elaborado, explique as alterações e reformule aqui esses objetivos, considerando: a) o novo contexto da organização e a nova demanda ou situação-problema descritas nos dois campos anteriores deste relatório e b) a opinião da pessoa que fez a supervisão de campo. Essa reformulação deve ser feita em termos de competências. Provavelmente são algumas daquelas, ou derivadas daquelas, relacionadas:

1) aos campos ou subcampos da Psicologia Organizacional e do Trabalho, mencionadas no Capítulo 1 deste Manual;

2) à postura ética abordada no Capítulo 2;

3) ao trabalho colaborativo discutido no Capítulo 3 e

4) à análise do contexto proposta no Capítulo 6.

Além da pessoa que fez a supervisão de campo, a responsável pela supervisão acadêmica deverá ter sido envolvida nessa reformulação, durante as atividades de acompanhamento realizadas ao longo do estágio. Alguns desses objetivos podem não ter sido alcançados. Há, neste relatório, um campo mais adiante que trata desse assunto.)

Quadro teórico de referência (Descreva detalhadamente, e com argumentações convincentes, o conteúdo da biografia que foi útil para fundamentar a abordagem metodológica utilizada, visando alcançar os objetivos apresentados no campo anterior deste relatório. Essa abordagem metodológica será descrita no próximo campo deste plano de estágio. Essa bibliografia provavelmente foi fornecida pelas pessoas que fizeram as supervisões de campo e acadêmica, embora possa também ter sido levantada pela pessoa que realizou o estágio. Citações devem ser feitas seguindo o modelo APA. O que for citado aqui deve ser listado nas referências, ao final deste plano de estágio. Não liste bibliografia aqui.)

Abordagem metodológica (Copiar ou atualizar do campo correspondente no plano de estágio. Se ocorreram alterações desde que este plano foi elaborado, explique as alterações e reformule-as aqui. Descreva os procedimentos e instrumentos que foram efetivamente utilizados para atingir os objetivos específicos anteriormente formulados neste relatório de estágio. A abordagem metodológica deve estar fundamentada no referencial teórico descrito no campo anterior deste relatório. Durante as atividades de acompanhamento do estágio, as pessoas que fizeram a supervisão de campo e a supervisão acadêmica deverão ter sido envolvidas nessa reformulação.)

Atividades (Liste as atividades principais efetivamente realizadas para utilizar os procedimentos e instrumentos descritos no campo anterior deste relatório, visando atingir os objetivos específicos anteriormente formulados ou reformulados. A pessoa que fez a supervisão de campo deve ter sido envolvida nas decisões relativas a estas atividades e a estes períodos, ao longo do estágio.)	Períodos de realização das atividades
•	00/00/00
•	00/00/00
•	00/00/00
•	00/00/00
•	00/00/00
•	00/00/00
•	00/00/00
•	00/00/00
•	00/00/00
•	00/00/00
•	00/00/00
•	00/00/00
•	00/00/00
•	00/00/00
•	00/00/00
•	00/00/00
•	00/00/00
•	00/00/00
•	00/00/00
•	00/00/00
•	00/00/00
•	00/00/00
•	00/00/00
•	00/00/00
(Insira novas linhas, se forem necessárias)	

Resultados efetivamente alcançados (Descreva aqui produtos entregues ou serviços prestados, em consequência da utilização da abordagem metodológica e da realização das atividades descritas nos dois campos anteriores deste relatório. Descreva quem se beneficiou ou utilizou tais produtos ou serviços, na organização em que o estágio foi realizado ou fora dela. Discuta o que mais contribuiu para este alcance de resultados e o que impediu a obtenção de resultados esperados e não alcançados. Para esta discussão, utilize e mencione o referencial teórico descrito em campo anterior deste relatório.)

Aspectos éticos (Discuta aqui os problemas éticos que precisou eventualmente encarar e os cuidados éticos que precisou seguir ao utilizar a abordagem metodológica e realizar as atividades descritas em campos anteriores deste relatório.)

Competências desenvolvidas e a desenvolver (Descreva aqui as competências desenvolvidas, e aquelas que ainda pretende desenvolver no curso, ou logo após a sua colação de grau. A descrição do que foi desenvolvido deve ser baseada nos objetivos formulados em campo anterior deste relatório. A descrição do que pretende desenvolver pode ser fundamentada naquelas competências relacionadas:

1) aos campos ou subcampos da Psicologia Organizacional e do Trabalho, mencionadas no **Capítulo 1** deste Manual;

2) à postura ética abordada no **Capítulo 2**;

3) ao trabalho colaborativo discutido no **Capítulo 3** e

4) à análise do contexto proposta no **Capítulo 6**.)

Referências (Mencionar todas as citadas no quadro teórico de referência, na abordagem metodológica e na discussão dos resultados apresentados em campos anteriores deste relatório. Seguir o formato APA 7a.)

ORGANIZADOR(AS)

SONIA MARIA GUEDES GONDIM

Realizou estudos pós-doutorais na Universidade Complutense de Madrid. Doutora em Psicologia pela Universidade Federal do Rio de Janeiro. Mestre em Psicologia Social pela Universidade Gama Filho (RJ). Psicóloga pelo Centro de Ensino Superior de Juiz de Fora. Docente da do Mestrado e Doutorado no Instituto de Psicologia da Universidade Federal da Bahia. Principais interesses de pesquisa: emoções e trabalho, regulação emocional, mapeamento de competências, competências profissionais, socioemocionais, identidade profissional, métodos qualitativos, especialmente grupos focais, formação e desenvolvimento de gestores. Pesquisa 1D do CNPq. Coordenadora do emotrab, grupo de pesquisa sobre emoções, sentimentos e afetos no trabalho <www.emotrab.ufba.br>.

E-mail: sggondim@gmail.com

THAIS ZERBINI

Doutora (2007) e Mestre (2003) em Psicologia pela Universidade de Brasília (UnB). Livre Docente pela Universidade de São Paulo (2017). Docente Associada da USP, atuante na Graduação e Pós-Graduação na área de Psicologia Organizacional e do Trabalho da Faculdade de Filosofia, Ciências e Letras de Ribeirão Preto (FFCLRP/USP). Vice-Presidente da Associação Brasileira de Psicologia Organizacional e do Trabalho (SBPOT), Gestão 2018-2020. Editora-chefe da Revista Psicologia: Organizações e Trabalho (rPOT), Gestão 2017-2019. Fundadora e Coordenadora do Laboratório de Psicologia Organizacional e do Trabalho (LabPOT/USP). Pesquisadora Produtividade 2 do CNPq. Desenvolve pesquisas nas áreas de Psicologia e de Administração, com ênfase em Aprendizagem, Treinamento, Desenvolvimento e Educação de Pessoas, Ensino Remoto, Comportamento Organizacional e Gestão de Pessoas.

E-mail: thais.zerbini@gmail.com

JAIRO EDUARDO BORGES-ANDRADE

Possui graduação (1972) em Psicologia pela Universidade de Brasília (UnB) e mestrado (1977) e doutorado (1979) em Sistemas Instrucionais pela Florida State University (EUA). Estágios de pós-doutorado realizados: International Food Policy Research Institute, EUA (1990), University of Sheffield, Inglaterra, e Rijksuniversiteit Gröningen, Holanda (2001) e Instituto Superior de Ciências do Trabalho e da Empresa, Portugal (2010). Foi pesquisador da Embrapa (1979-1993), onde desenvolveu atividades ligadas a gestão de pessoas e de ciência e tecnologia. De 1993 a 2019, foi professor titular na UnB, onde realizou atividades de pesquisa (Aprendizagem, Processos Psicossociais e Mudança nas Organizações), ensino (Graduação, Mestrado e Doutorado) e extensão (Treinamento e Desenvolvimento de Pessoal). Continua realizando essas atividades de pesquisa e ensino, como Pesquisador Colaborador Sênior na UnB. Realizou tais atividades, em curtos períodos como professor visitante, nas Universidades de Bolonha (Itália), Coimbra (Portugal), Valencia (Espanha), Johanesburg (África do Sul), Cali e Del Norte (ambas na Colômbia). Gestão realizada em entidades científicas e profissionais: Capes (Psicologia), CNPq (Psicologia), ANPEPP, SBPOT, CFP e CRP-01. É Bolsista de Produtividade em Pesquisa do CNPq - Nível 1A.

E-mail: jairo.borges@gmail.com

GARDÊNIA DA SILVA ABBAD

Bolsista PQ, Nível 1 C. Doutora, Mestre e Graduada em Psicologia pela Universidade de Brasília. Pesquisadora na área de Psicologia Organizacional e do Trabalho com ênfase em Aprendizagem, Treinamento, Desenvolvimento em Educação; Medidas de Avaliação de Programas Educacionais presenciais e a distância; Tecnologias de Ensino em Saúde. Professora Associada do Departamento de Psicologia Social e do Trabalho. Atua em dois programas de Pós-Graduação (Programa de Psicologia Social, do Trabalho e das Organizações do PSTO e Programa de Pós-Graduação em Administração do PPG PPGA) da Universidade de Brasília. Exerceu funções de Chefe e Subchefe do Departamento de Psicologia Social e do Trabalho, Diretora do Instituto de Psicologia e Decana de Gestão de Pessoas da UnB e membro da diretoria do Fórum de Pró-reitores de Recursos Humanos da Andifes. Foi presidente da

Associação Brasileira de Psicologia Organizacional e do Trabalho – SBPOT, coeditora da Revista Psicologia, Organizações e Trabalho – rPOT, participou da Diretoria da ANPEPP. Participou de grupos de trabalho e de reunião de avaliação quadrienal de Programas de Pós-Graduação em Psicologia na CAPES. Coordenou um projeto multidisciplinar de formação de mestres e doutores e produção de conhecimentos sobre ensino na saúde, financiado pela CAPES. Integrou e coordenou o Comitê Assessor do CNPq – CA – Psicologia.

E-mail: gardenia.abbad@gmail.com

AUTORA(E)S

ADRIANO ALVES DE LEMOS PEIXOTO

Doutor em Psicologia pela University of Sheffield (2008). Mestre em Administração pela Universidade Federal da Bahia (2003). Graduado em Administração pela Universidade Salvador (1989). Graduado em Psicologia pela Universidade Federal da Bahia (1999). Gestor de empresas por mais de 20 anos. Com experiência na área de Psicologia Organizacional e do Trabalho, com ênfase em Fatores Humanos no Trabalho, atuando principalmente nos seguintes temas: práticas de gestão de pessoas, gestão do trabalho, gestão no setor de serviços e gestão universitária. Docente permanente do programa de Pós-Graduação do Instituto de Psicologia da UFBA. Presidente da SBPOT – Sociedade Brasileira de Psicologia Organizacional e do Trabalho para o período de 2014-2016 e reeleito para o período de 2016-2018

E-mail: adriano.apeixoto@gmail.com

ALINE DE SOUSA NASCIMENTO

Doutoranda e Mestre (2017) em Psicologia Social do Trabalho e das Organizações – PSTO/UNB. Especialista em Administração de Empresas pela Fundação Getúlio Vargas (2011) e em Gestão Pública e Sociedade pela Universidade Federal de Tocantins (2012). Pedagoga pela Universidade de Brasília (2007). Tem experiência em docência, pesquisa e extensão na área de aprendizagem, treinamento, desenvolvimento e Educação; avaliação de programas educacionais, presenciais e a distância; comportamento humano no trabalho; Educação popular; economia solidária; cooperativismo e associativismo.

E-mail: alinedsnn@gmail.com

ANTÔNIO VIRGÍLIO BITTENCOURT BASTOS

Doutor em Psicologia pela Universidade de Brasília (1994), com concentração em Psicologia Organizacional e do Trabalho. Mestre em Educação pela Universidade Federal da Bahia (1982). Graduado em Psicologia pela Universidade Federal da Bahia (1976). Docente titular em Psicologia Social das Organizações, no Instituto de Psicologia da Universidade Federal da Bahia. Foi membro do Conselho Federal de Psicologia (1984-1988), sendo presidente em 1986. Atuou como membro da comissão de especialistas em ensino de Psicologia do MEC/SESu (1994-2000). Foi membro do CA de Psicologia do CNPq, da Comissão de Psicologia do INEP e da Comissão de área da Psicologia na CAPES. Coordenador da Área de Psicologia da CAPES e membro, no INEP, da Comissão de Psicologia para o ENADE. Pesquisador I-A do CNPq, atuando principalmente em temas da área de Comportamento Organizacional, a exemplo de: comprometimento no trabalho, mudanças organizacionais, significado do trabalhar, cognições organizacionais, mapas cognitivos e redes sociais em contextos organizacionais.

E-mail: antoniovirgiliobastos@gmail.com

DAIANE BENTIVI

Doutora em Sociologia pela Universidade do Porto (Portugal). Mestre em Psicologia Social pela Pontifícia Universidade Católica de São Paulo (PUC-SP). Psicóloga. Coordena o Grupo de Pesquisa de Psicologia Organizacional, do Trabalho e Social (GPOTS) da Universidade Ceuma. Atualmente é Bolsista PNPD da CAPES no PPGPsi da UFBA. Participa do Grupo de Trabalho de Psicologia Organizacional e do Trabalho da ANPEPP. Participou do Núcleo de Estudos e Pesquisa em Trabalho e Ação Social (NUTAS) do Programa de Psicologia Social da PUC-SP. Realiza pesquisas na área de Psicologia Organizacional e do Trabalho e Sociologia do Trabalho, com ênfase nas temáticas: relações de trabalho, empregabilidade, empreendedorismo, processos grupais, compromisso social, formação e qualificação profissional, e responsabilidade socioambiental empresarial. Foi Conselheira do II Plenário do Conselho Regional de Psicologia da 22ª Região (MA) no período de 2016-2019. Presidente da Comissão de Psicologia Organizacional e do Trabalho do Conselho Regional de Psicologia do Maranhão. Membro da Comissão de Direitos Humanos do

Conselho Regional de Psicologia do Maranhão. Consultora na área de Gestão de Pessoas e de Carreira

E-mail: daianebentivi@hotmail.com

FABIANA QUEIROGA

Doutora em Psicologia Social, Organizacional e do Trabalho pela Universidade de Brasília. Mestre na Universidade de Brasília, onde teve a oportunidade de ter experiência como docente dessa instituição. Graduada em Licenciatura (2002) com formação em Psicologia (2003) pela Universidade Federal da Paraíba. Especialista em Matemática e Estatística na Universidade Federal de Lavras. Docente do Centro Universitário de Brasília em que ministra, principalmente, disciplinas relacionadas à área de Comportamento Organizacional e Avaliação Psicológica. Presidente da SBPOT (Associação Brasileira de Psicologia Organizaional e do Trabalho), Gestão 2018-2020. Tem experiência na área de Construção de Medidas e Avaliação em Psicologia, com ênfase em avaliação educacional em larga escala, avaliação de aprendizagem e de desempenho em organizações e seleção de pessoas.

E-mail: fabiana.queiroga@gmail.com

FERNANDA DRUMMOND RUAS GASPAR

Doutoranda e Mestre em Psicologia Social, do Trabalho e das Organizações pela Universidade de Brasília. MBA em Gestão de Pessoas pela Devry Brasil. Especialista em Gestalt Terapia pelo Instituto de Gestalt Terapia da Bahia. Graduada em Psicologia pela Universidade Salvador. Atualmente é Doutoranda e pesquisadora do Programa de Psicologia Social, do Trabalho e das Organizações pela Universidade de Brasília

E-mail: gaspar_nanda@hotmail.com

JANICE JANISSEK

Doutora em Administração pela Universidade Federal da Bahia (2007). Mestre em Administração pela Universidade Federal de Santa Catarina (1995). Graduada em Psicologia pela Universidade Católica de Pelotas (1986). Docente Associada do Instituto de Psicologia e do Programa de Pós-Graduação em Psicologia da Universidade Federal da Bahia. Pesquisadora do Núcleo de Estudos Indivíduo, Organizações e Trabalho da UFBA. Tem experiência na área de Administração e Psicologia, com ênfase em Administração de Recursos Humanos e Psicologia Organizacional, atuando principalmente nos seguintes temas: gestão de pessoas, mapas cognitivos, mudança e inovação organizacional, cognição gerencial e organizacional.

E-mail: janicejanissek@gmail.com

LOUISE SOBRAL

Doutoranda na Universidade Federal da Bahia. Mestre em Psicologia pela Universidade Federal da Bahia (2010), com bolsa institucional Fapesb. Graduada em Psicologia pela Universidade Tiradentes-SE (2006). Experiência na docência, pesquisa, extensão; atividade de gestão (áreas administrativa, educação e comercial), consultoria em gestão de pessoas (recrutamento e seleção de pessoal, treinamentos e projetos voltados para promoção de saúde no trabalho), orientação profissional e de carreira. Membro do grupo de pesquisa Emoções, Sentimento e Afetos coordenado pela Docente Dra. Sônia Gondim, no Instituto de Psicologia da UFBA. Leciona disciplinas da área de Psicologia Organizacional e do Trabalho, Avaliação Psicológica e Processos Psicológicos Básicos. Docente na Universidade Estadual de Feira de Santana e Faculdade Nobre.

E-mail: louisesobral@gmail.com

LUCIANA MOURÃO

Estágio Pós-Doutoral realizado no Instituto Universitário de Lisboa (ISCTE-IUL, 2013). Doutora em Psicologia pela UnB, 2004. Mestre em Administração pela UFMG, 1996. Pós-Graduada em Comunicação Organizacional pela USP, 1997. Graduada em Comunicação Social pela UFMG, 1993. Graduada em Administração pela FAAC, 2009. Docente titular do Mestrado e do Doutorado em Psicologia da Universidade Salgado de Oliveira – UNIVERSO. Docente na Associação Internacional de Educação Continuada – AIEC. Pesquisadora da Associação Nacional de Pesquisa e Pós-Graduação em Psicologia – ANPEPP. Coordenadora adjunta de Programas Profissionais da CAPES na área de Psicologia. Experiência na área de avaliação de programas sociais. Tem pesquisado os temas de Educação e Desenvolvimento Profissional. É bolsista produtividade do CNPq e orientadora de doutorado.

E-mail: mourao.luciana@gmail.com

MARIA NIVALDA CARVALHO-FREITAS

Pós-Doutora em Psicologia pela *University of Greenwich* – Inglaterra (2015). Doutora em Administração pela Universidade Federal de Minas Gerais (2007). Mestre em Educação pela Pontifícia Universidade Católica do Rio de Janeiro (2000). Graduada em Psicologia pela Universidade Federal de São João del-Rei (1987). Atuou na área de Recursos Humanos durante 11 anos e, atualmente, é professora associada do Departamento de Psicologia da Universidade Federal de São João del-Rei. Coordenou o Programa de Pós-Graduação em Psicologia (2015-2017). Foi membro da Câmara de Assessoramento da FAPEMIG – área de Ciências Sociais, Humanas, Letras e Artes, no período de 2008 a 2012. Líder do Núcleo de Pesquisa em Acessibilidade, Diversidade e Trabalho (NACE) Presidente da SBPOT, Gestão 2020-2022. Suas pesquisas contemplam a área de Psicologia Organizacional e do Trabalho, com foco nos seguintes temas e suas relações: diversidade funcional nas organizações de trabalho, especialmente inserção e gestão do trabalho de pessoas com diferença funcional (deficiência); satisfação e qualidade de vida no trabalho; socialização profissional e processos grupais nas organizações e na promoção de saúde.

E-mail: nivalda@ufsj.edu.br

MARINA GREGHI STICCA

Doutora (2012) em Engenharia de Produção pela Universidade Federal de São Carlos na área de Trabalho, Tecnologia e Organização. Graduada em Psicologia (2005) pela Universidade Federal de São Carlos. Graduada em Administração (2011) pela Universidade Federal de Uberlândia. Mestre (2007). Atualmente é Professora Doutora da Universidade de São Paulo (USP) na Faculdade de Filosofia, Ciências e Letras de Ribeirão Preto (FFCLRP/USP) – Departamento de Psicologia – na área de Psicologia Organizacional e do Trabalho. Fundadora e Coordenadora do Laboratório de Psicologia Organizacional e do Trabalho (LabPOT/

USP). Editora Associada da Revista Psicologia: Organizações e Trabalho - Gestão 2017 - 2019 (rPOT). Participante do corpo docente do Programa de Pós-Graduação em Psicologia e do Grupo de Trabalho de Psicologia Organizacional e do Trabalho na Associação Nacional de Pesquisa e Pós-Graduação em Psicologia. Realiza pesquisas na área de Psicologia Organizacional e do Trabalho, com ênfase em Psicologia do Trabalho

E-mail: marinagreghi@ffclrp.usp.br

PEDRO F. BENDASSOLLI

Estagiário de pós-doutorado na Université Paris IX - Centre de Recherche Management & Organisation, 2008-2009, bolsista da Fondation Maison des Sciences de l'Homme/Paris, no Instituto de Psicologia da UNB (PSTO, 2009-2012, bolsista de Pós-doutorado Júnior/CNPQ), e no Centre for Cultural Psychology (Aalborg University, Dinamarca, 2016-2017, Bolsista Estágio Sênior/CAPES). Doutor em Psicologia Social pela USP, 2000-2006, bolsista FAPESP. Bolsista 1D do CNPq. Psicólogo pela UNESP, 1995-1999, bolsista de IC da FAPESP. Atua na área da Psicologia do Trabalho e das Organizações, com experiência na investigação de constructos psicossociais relacionados ao trabalho, especificamente processos de significação, seus determinantes, dimensões e consequentes. *Site* pessoal: http://www.pedrobendassolli.com

E-mail: pbendassolli@gmail.com

Este livro foi composto com tipografia Minion Pro
e impresso em papel Luxcream LD 70 g/m² na Gráfica Formato.